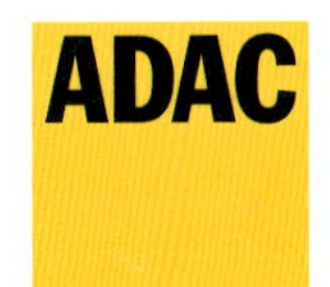

Barcelona

von Julia Macher

ADAC Top Tipps

Das müssen Sie gesehen haben! Die zehn Top Tipps bringen Sie zu den absoluten Highlights.

ADAC Empfehlungen

Unterwegs gut beraten: Diese 25 ausgesuchten Empfehlungen machen Ihren Urlaub perfekt.

Preise für ein DZ mit Frühstück:
€ | bis 120 €
€€ | bis 180 €
€€€ | ab 180 €

Preise für ein Hauptgericht:
€ | bis 12 €
€€ | bis 20 €
€€€ | ab 20 €

Intro

ADAC Quickfinder

Hier finden Sie die Orte, Sehenswürdigkeiten und Attraktionen, die perfekt zu Ihnen passen.

Unterwegs

Service

Alle wichtigen reisepraktischen Informationen – von der Anreise über Notrufnummern bis hin zu den Zollbestimmungen.

Umschlag:

ADAC Top Tipps: Vordere Umschlagklappe, innen 1
ADAC Empfehlungen: Hintere Umschlagklappe, innen 2

Übersichtskarte Innenstadt: Vordere Umschlagklappe, innen 3
Übersichtskarte Stadtgebiet: Hintere Umschlagklappe, innen 4
Verkehrslinienplan: Hintere Umschlagklappe, außen 5
Ein Tag in Barcelona: Vordere Umschlagklappe, außen 6

Die große Zauberin am Mittelmeer

Eine quicklebendige Kulturszene, Sonne, Strand und Design: Das macht Barcelona zu einer der aufregendsten Metropolen Europas

Blick auf Antoni Gaudís Park Güell mit den zwei Pförtnerhäuschen

Als »gran encisadora«, als große Zauberin, hat der katalanische Dichter Joan Maragall (1860–1911) Barcelona besungen. Er hat nicht übertrieben: Diese Stadt schlägt Besucher in ihren Bann. Allein die Lage verdient fünf Sterne: vor sich das Mittelmeer, im Rücken die Hügelkette der Collserola, dazwischen 100 Quadratkilometer Metropole. Schon vor über 2500 Jahren schätzte das iberische Volk der Laietaner den geschützten Standort, ihnen folgten Römer, Westgoten und Franken. So drängen sich heute auf engstem Raum römische Ruinen, mittelalterliche Paläste und Hightech-Architektur, mondäne Boulevards und verwinkelte Altstadtgassen, Modernisme-Häuser und Szenetreffs mit Underground-Charme. Und mittendrin schraubt sich Antoni Gaudís Sagrada Família in die Höhe.

Zwischen »seny« und »rauxa«

Dass Barcelonas berühmteste Sehenswürdigkeit eine unvollendete Basilika ist, ist kein Zufall. Auch die Stadt selbst wandelt sich schließlich stetig. Angetrieben wird sie vom komplexen Charakter ihrer Bewohner, den angeblich das ewige Pendeln zwischen »seny« (Vernunft) und »rauxa« (Rausch) prägt.

Dem Klischee zufolge herrscht oberhalb der Plaça de Catalunya im Schachbrettmuster der Neustadt des Eixample bürgerliche Etikette. Im Gedränge der Ciutat Vella, entstanden auf den Ruinen der römischen Militärsiedlung Barcino, geht es dagegen volkstümlich zu: Hier tanzen zum großen Stadtfest La Mercè Funken sprühende Feuerteufel und Pappmascheedrachen durch Altstadtgassen, in der Markthalle der Boquería türmen sich meterhoch die Köstlichkeiten, und auf den Rambles herrscht Tag und Nacht buntes Treiben. Doch: keine »rauxa« ohne ein Mindestmaß an »seny«. Natürlich werden auch auf den Rambles die Standorte für Kleinkünstler nach streng bürokratischen Kriterien vergeben, die Kioske sind genormt, und die Feuerteufel »diables« vernünftig genug, Schutzkleidung anzulegen und die Feuerräder nur hoch über den Köpfen zu schwenken. Und im Umkehrschluss gilt: kein »seny« ohne »rauxa«. Auch im ordentlichen Eixample schlägt man gern über die Stränge. Die schachbrettartige An-

Der beliebte Stadtstrand La Barceloneta (unten) – Die Pastelería Escribà in der Casa Figueres (ganz unten)

Plaça de Sant Jaume mit Palau de la Generalitat (oben) – Bar Pinotxo in der Boquería (Mitte) – Der dicke Bronzekater auf der Rambla del Raval (unten)

ordnung mag rationalen Kriterien folgen, bei der Dekoration der Fassaden haute die Bourgeoisie gehörig auf den Putz.

Stolze Bürgerstadt

Das ist vielleicht ein weiterer Schlüssel zum Verständnis der nach Paris am dichtesten besiedelten europäischen Metropole. Barcelona ist eine Bürgerstadt. Nicht die architektonischen Kapriolen der jeweiligen Herrscher und ihrer Entourage haben die römische Gründung groß gemacht, sondern Hafen, Handel und Industrie.

Natürlich gibt es auch hier herrschaftliche Paläste und königliche Residenzen – Barcelona war Hauptstadt der gleichnamigen Grafschaft, von Mitte des 12. bis ins 15. Jahrhundert Residenz der Könige von Aragón. Doch in der Neuzeit gingen die wesentlichen Initiativen zur Stadterneuerung vom Bürgertum aus. Im Jahr 1859 erlaubte Madrid der aus allen Nähten platzenden Hafenstadt den Abriss der alten

Stadtmauern – die berühmten Rambles entstanden – und genehmigte Ildefons Cerdàs Erweiterungsplan: Das rasterförmige Eixample bot viel Platz für die Fantasien der Modernisme-Architekten, von denen Antoni Gaudís Casa Batlló und die spöttisch als La Pedrera (Steinbruch) bezeichnete Casa Milà die berühmtesten Beispiele sind.

1888 organisierten Unternehmer und Bürgermeister dann die erste Weltausstellung in Barcelona. Sie bescherte der Stadt Ciutadella-Park, Triumphbogen und Kolumbusstatue. 1929 folgte die zweite internationale Ausstellung. Der magische Brunnen und das pittoreske Museumsdorf Poble Espanyol entzücken immer noch Besucher, im opulenten Ausstellungspalast residiert heute das katalanische Nationalmuseum MNAC. 1992 verordnete sich Barcelona zu den Olympischen Spielen die wohl tief greifendste Generalüberholung: Museumsbauten brachten Licht in die verrufene Altstadt, der Durchgangsverkehr wurde umgeleitet, und die Stadt öffnete sich, endlich, dem Meer:

> ***Lauf dahin, Barcelona, denn du mußt anders werden, um das zu sein, was du sein sollst. Du bist groß und hochgemut und prächtig angelegt, doch sicher brauchst du mehr als das, was du schon hast.***
>
> *Joan Maragall,*
> *»Ode an Barcelona«*

Die gepflegten Stadtstrände garantieren Barcelona heute einen Platz ganz oben auf der Skala der beliebtesten europäischen Städte. In welcher Me-

Eines der Wahrzeichen Barcelonas: die Sagrada Família von Antoni Gaudí

tropole sonst kann man direkt nach dem Besuch eines der über 50 Museen ins Wasser hüpfen? In der Hoffnung auf eine Wiederholung des Olympia-Effekts erfand die Stadtregierung 2004 das Internationale Forum der Kulturen und baute im Nordosten Barcelonas ein neues Hightech- und Kongressviertel – mit zweifelhaftem Erfolg.

Die Stadt erfindet sich immer wieder neu

Wie dem auch sei: Seit Freddy Mercury und Montserrat Caballé die Olympia-Hymne schmetterten, reißt der Touristenstrom nicht mehr ab. Über acht Millionen Besucher kommen jedes Jahr in die Hauptstadt der Region Katalonien – per Flugzeug, Pkw und immer häufiger auch an Bord eines Kreuzfahrtschiffes. Das erweiterte Flughafenterminal, die moderne Messe, mehrere Tagungszentren und über 74 000 Hotelbetten machen Barcelona zur weltweit beliebtesten Kongressstadt. Mit 15 Prozent des Bruttoinlandsprodukts ist der Tourismus längst eine der wichtigsten Einnahmequellen. Das geht nicht ohne Reibungen einher. In keiner spanischen Stadt sind die Quadratmeterpreise stärker angestiegen als in Barcelona. Viele angestammte Bewohner mussten ihr Quartier verlassen. In populären Vierteln wie der Barceloneta hängen Protestplakate vor den Fenstern: »Cap pis turístic« – »Kein einziges Touristenapartment mehr«. Doch Barcelona wäre nicht Barcelona, wenn es damit nicht umzugehen wüsste. Um die Innenstadt zu entlasten, dürfen neue Hotels nur noch am Stadtrand eröffnet werden. Wer

Die Rambla del Mar am Port Vell öffnet sich für ein- und ausfahrende Schiffe

seine Wohnung ohne offizielle Lizenz an Touristen vermietet, muss mit hohen Strafen rechnen. Und mit den Erlösen aus der Kurtaxe werden neue Projekte für nachhaltigen Tourismus finanziert.

Licht- und Schattenseiten des Booms

Dennoch: Wenn sie nicht gerade nackt über die Rambles rennen und dabei lauthals die Vereinshymne des Fußball-Rivalen Real Madrid krakeelen, sind Besucher immer noch gern gesehen. Der Barceloner ist schließlich stolz auf seine Stadt und betrachtet es mit Genugtuung, wenn sie Touristen dieses leicht irre Glänzen in die Augen zaubert. Rauschhafte Verzückung – das ist die einzig vernünftige Reaktion auf Barcelona.

Sprache *Katalanisch und Spanisch sind offizielle Amtssprachen.*

Währung *Euro (€)*

Fläche *101,9 km²*

Einwohner *1,6 Mio.*

Tourismus *Mit 15 % des Bruttoinlandsprodukts ist der Tourismus einer der wichtigsten Wirtschaftszweige.*

Religion *47 % sind katholisch, aber nur 11,6 % bezeichnen sich als praktizierende Katholiken. Die evangelische Konfession ist die zweitwichtigste. 335 000 Barceloner sind Moslems. Daneben gibt es fünf Synagogen, sechs Hindu-Tempel und 27 buddhistische Zentren.*

Bevölkerungsdichte
16 000 Einwohner pro km². Der am dichtesten besiedelte Bezirk ist der Eixample mit 266 000 Menschen.

Darauf sind die Barceloner besonders stolz
Auf den FC Barcelona und das Tomatenbrot »pa amb tomàquet«.

Wichtigste Vokabel
»Visca el Barça!« (»Es lebe der FC Barcelona!«) und im politischen Kontext: »Anem fent« (»Wir machen das schon, Schritt für Schritt«).

Das will ich erleben

Trendbewusst und traditionsverliebt, Experimentierfeld für Avantgarde-Köche und Architekten, quirlige Hafenmetropole und distinguierte Handelsstadt: Barcelona hat viele Facetten – und vereint alle auf relativ überschaubarem Raum. Für Besucher ist das ein großer Vorteil. Statt stundenlang von einem Ort zum nächsten zu fahren, können sie sich die Stadt schnell erschließen und ihre ganz persönlichen Lieblingsecken entdecken. Zur Routine wird ein Besuch dennoch nie. Barcelona ist dynamisch genug, immer wieder neu zu überraschen – und schlägt dabei auch gern den eigenen Klischees ein Schnippchen.

41

Modernisme-Pracht

Nicht nur Antoni Gaudí: Mit blühender Fantasie, Lust an der Gestaltung und großer Experimentierfreude hat ab Ende des 19. Jahrhunderts eine ganze Riege von Modernisme-Architekten der Stadt ihren Stempel aufgedrückt. Die Vielfalt überrascht – nicht nur Architekturfreunde.

58

Tapas satt!

Die Tradition des Tapeo stammt eigentlich aus Andalusien und Kastilien, doch in Barcelona haben die kleinen, zu Bier oder Wein genossenen Häppchen eine würdige Wahlheimat gefunden. Ob avantgardistisch präsentiert vom Sternekoch oder ganz traditionell im Tonschälchen am Tresen einer Bar: Für jeden Geschmack ist etwas dabei!

Sonne, Strand und mehr

Auf seinen kilometerlangen Stadtstrand ist Barcelona zu Recht stolz! In welcher Kulturmetropole kann man schon direkt nach dem Museumsbesuch ins Meer hüpfen? Die sechs Kilometer lange Küste ist das beliebteste Naherholungsgebiet der Stadt: zum Flanieren, Sporttreiben oder einfach nur zum Entspannen.

38

Geniale Künstler

Ist es das Licht? Die Meeresluft? Oder die Lust am Exzess? Egal! Sicher ist: Diese Stadt inspiriert. Anders lässt sich die hohe Dichte an Künstlern und Kreativen nicht erklären. Barcelona zählt mehrere Jahrhundert-Genies zu seinen (Adoptiv-)Kindern.

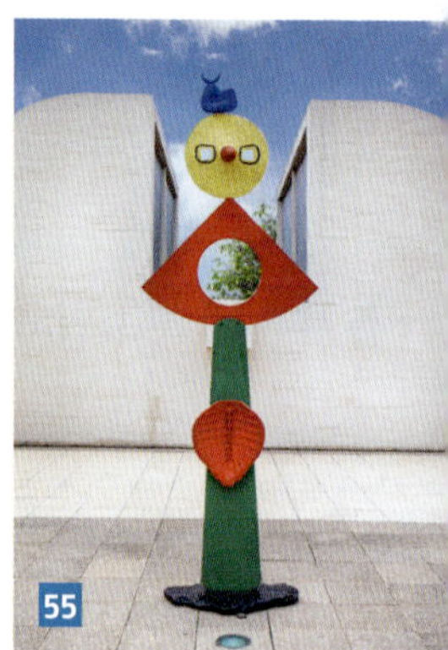
55

»Anem al mercat!«

Barcelona hat so viele Gesichter, wie es Viertel hat. Und die Märkte sind die Seele der »barris«. Hier treffen Hausmänner auf Geschäftsfrauen, Sterneköche beratschlagen mit Marktfrauen das Menü für den folgenden Tag. Egal, ob im Zentrum oder in den Nebenbezirken: Die üppigen Obst-, Gemüse- und Fischstände regen alle Sinne an.

6

Stolze Geschichte

Barcelona blickt zurück auf eine fast 2000-jährige Geschichte: von den Römern über die Westgoten bis zum Widerstand gegen die Bourbonen.

Designmetropole

Egal, ob in Sachen Architektur, Mode oder Design: Seit jeher lockt Barcelona Kreative aus aller Welt, die sich mit Einheimischen zum Gedankenaustausch zusammentun. Und: Die Ergebnisse werden ansprechend präsentiert.

Riesenspaß für kleine Leute

Barcelona ist ein prima Pflaster für Familien. Und das liegt nicht nur an Strand, Sand und Wasser: Zwischen Tibidabo und Altstadt gibt es jede Menge zu entdecken!

Schöne Aussichten!

Es lohnt sich, Barcelona von oben zu betrachten: Wegen des besseren Überblicks – und weil man die Stadt dadurch tatsächlich besser versteht. Nirgends ist der Doppelcharakter aus chaotischer Altstadt und ordentlichem Schachbrettmuster besser ersichtlich. Die Romantik gibt es gratis dazu.

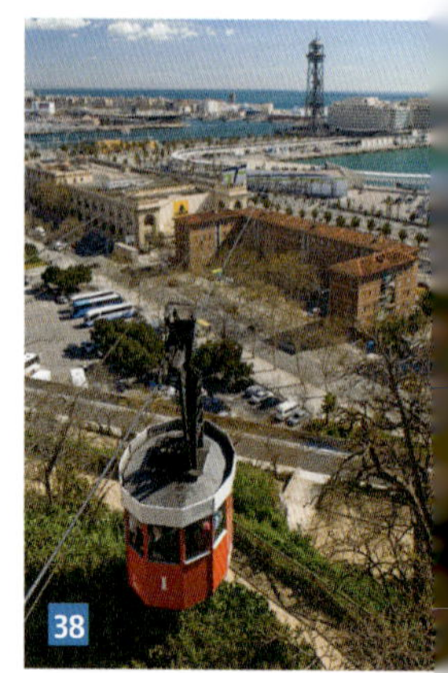
38

Sportskanonen

Barcelona liebt's sportlich – und das nicht erst seit den Olympischen Spielen 1992. Hervorragende Sportstätten, die nahen Berge und das Meer machen die Stadt zum idealen Ziel für Sportbegeisterte.

60

Feste feiern!

Milde Nächte, der unvergleichliche Charme der Stadt, lebensfrohe Bewohner und eine riesige Auswahl an den unterschiedlichsten Cafés, Bars und Nachtclubs: ideale Bedingungen, um die Nacht zum Tag zu machen! Aber bitte nicht allzu doll: Die lärmgeplagten Anwohner freuen sich über Ihre Rücksichtnahme.

8

Pis
Piso
Sortida
Salida
Exit

Unterwegs

Vielfältig und zugleich überschaubar: Barcelona ist ideal für Flaneure, so wie hier auf dem Dach von La Pedrera.

Rechts und links der Rambles

Die weltberühmte Flaniermeile ist die Lebensader der Altstadt und protzt mit historischen Bauten – sowie Touristen aus aller Welt

Auch wenn inzwischen fast ausschließlich Touristen die Flaniermeile bevölkern, gehört ein Nachmittag auf den Rambles zu einem Besuch dazu: Auf dem 1259 Meter langen Boulevard buhlen Souvenirhändler und Straßenkünstler um Aufmerksamkeit, in der Markthalle La Boquería locken Obst-, Gemüse- und Fischstände, und in den Straßen ringsherum lässt sich Barcelonas Atmosphäre erschnuppern.

Von der Plaça de Catalunya aus gesehen befindet sich in Meerrichtung links das Barri Gòtic, die Altstadt. Rechts liegt der Raval. Das dicht besiedelte Viertel war einst Terrain von Kleinganoven und Prostituierten, heute prägen Migranten, Künstler und Kreative das Bild. Nach ungesicherten Überlieferungen verlief entlang der Rambles früher der Fluss Malla. Manche Historiker leiten den Namen Rambla vom arabischen Wort »ramwla« für ausgetrocknetes Flussbett ab.

In diesem Kapitel:

ADAC Top Tipps:

La Boquería
| Markthalle |

Kunstvoll drapierte Obstpyramiden, fangfrischer Fisch und duftende Gewürzstände in einem Palast aus Glas und Stahl: Ein Spaziergang durch die berühmte Markthalle ist ein Fest für die Sinne – und macht garantiert Appetit. 22

ADAC Empfehlungen:

Campanario del Pi
| Aussichtspunkt |
Vom Glockenturm der Kirche hat man einen tollen Panoramablick. 20

Granja La Pallaresa
| Café |
Das Lokal serviert seit 1947 dickflüssige Schokolade mit »xurros«! 21

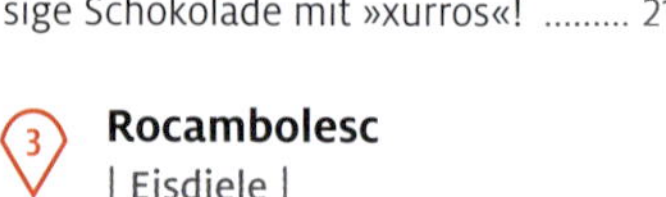

Rocambolesc
| Eisdiele |
Hier lässt ein Drei-Sterne-Koch seiner Fantasie freien Lauf. 25

Plaça de Vicenç Martorell
| Platz |
Auf dem Platz lässt sich entspanntes Großstadtleben beobachten. 30

Beliebte Feier- und Flaniermeile mit schönen Häusern: Rambla de Canaletes

1 Rambla de Canaletes

Treffpunkt der FC-Barcelona-Fans und Auftakt der berühmten Flaniermeile

■ Metro L1, L4 Catalunya

Das wellenförmig gemusterte Pflaster weist unübersehbar darauf hin, wo die Rambles münden: ins Meer. Natürlich ist der Boulevard viel mehr als bloße Verbindungsstraße von Plaça de Catalunya und Hafen. Bereits im 18. Jahrhundert war die Straße entlang der westlichen Stadtmauer ein wichtiger Verkehrsweg, damals befanden sich hier Schulen, Universitätsgebäude und – auf dem Gebiet des damals außerhalb der Mauern liegenden Ravals – Klosteranlage sowie Gartenland. Zur Flaniermeile des prosperierenden Bürgertums wurde sie im 19. Jahrhundert nach dem endgültigen Abriss der Stadtmauern. 1859 pflanzte die Stadtverwaltung die heute charakteristischen Platanen. Zu beiden Seiten der Rambles sind sehenswerte Fassaden erhalten, im oberen Teil etwa die Apotheke Farmacia Nadal (Nr. 121) oder das Teatre Polirama (Nr. 115). An der Rambla de Canaletes treffen sich nach wichtigen Fußballspielen die Fans des FC Barcelona zum Feiern. Die Tradition stammt aus den 1930er-Jahren. Damals befand sich hier die Sportredaktion einer Zeitung, die die Spielergebnisse an einer großen Tafel anschrieb.

Sehenswert

La Font de Canaletes

| Brunnen |

Wer aus dem gusseisernen Laternenbrunnen trinkt, kehrt angeblich nach Barcelona zurück. Da hier das Trinkwasser aus dem Collserola-Gebirge erstmals aus der Erde trat, galt es als

besonders frisch. Der vierbeckige, laternengekrönte Brunnen stammt von 1890. Entworfen hat ihn Architekt Pere Falqués. Wer aufmerksam durch Barcelona geht, entdeckt die Konstruktion auch andernorts. Der Stadtverwaltung gefiel der Entwurf so gut, dass sie das Modell 14-mal in Auftrag gab.

Parken

Mit Fußgängerzonen, verkehrsberuhigten Einbahnstraßen und schmalen Gassen ist Barcelonas Altstadt für Pkw ungeeignet. Lassen Sie das Auto daher am besten im Hotel oder nutzen Sie die Tiefgarage an der Plaça de Catalunya. ■ SABA Parking Pl. de Catalunya, Tel. 902 28 30 80, 3,70 €/Std.

2 MUHBA Via Sepulcral Romana

Römischer Friedhof mitten in der Einkaufszone

■ Metro L1, L4 Catalunya
■ Pl. de la Vila de Madrid, Di 11–14, So 11–19 Uhr, 2 €

Wundern Sie sich nicht, wenn Sie beim Bummel durch die Altstadt plötzlich vor einem Gräberfeld stehen. Die römische Nekropole wurde in den 1950er-Jahren bei Umbauarbeiten auf dem Areal eines ehemaligen Karmeliterinnenklosters entdeckt. Die 70 Gräber stammen aus dem 2. und 3. Jahrhundert v. Chr. und können über einen Fußgängersteg besichtigt werden. In einer kleinen Ausstellung werden vor Ort gefundene Grabbeilagen gezeigt. Videos und Schautafeln erklären Trauer- und Begräbnisrituale des römischen Barcino.

Sehenswert

Ateneu Barcelonès
| Kulturzentrum |
Der klassizistische Palau Savassona beherbergt einen der wichtigsten Kulturvereine der Stadt. Zu den Schmuckstücken der 150 Jahre alten Institution zählen die Bibliothek und das Gartencafé im Inneren. Zweimal im Monat öffnet das Ateneu Barcelonès auch Nichtmitgliedern die Türen. ■ C. de la Canuda 6, Tel. 933 43 61 21, www.ateneubcn.org

Einkaufen

In der Fußgängerzone **Avinguda Portal de l'Àngel** sind Filialen spanischer und internationaler Modefirmen.
Planelles Donat Der Traditionsladen offeriert im Winter Mandelnougat, im Sommer Eis und erfrischende »orxata«, Erdmandelmilch. ■ Portal de l'Àngel 27, Tel. 933 17 34 39, www.planellesdonat.com, Mo–Sa 10–20.15 Uhr

3 Palau Moja

Multidisziplinäre Ausstellung in einem klassizistischen Palais

■ Metro L1, L4 Catalunya
■ C. de la Portaferrissa 1, www.palaumoja.com, tgl. 10–21 Uhr

Der 1774 auf den Ruinen der Stadtmauer erbaute klassizistische Palast der Grafen von Moja beherbergt u. a. das Catalan Heritage House, eine Mischung aus Ausstellung, Museumsshop und Restaurant. Souvenirs, Exponate und kulinarische Spezialitäten sollen Besucher neugierig auf Katalonien machen. Wer mag, informiert sich über

die passende Tour, etwa in die Ruinenstadt Empúries oder ins römische Tarraco. In den oberen Etagen sind barocke Deckengemälde.

4 Santa María del Pi

Gotische Basilika an einem malerischen Doppelplatz

■ Metro L1, L4 Catalunya
■ Pl. del Pi 7, www.basilicadelpi.cat, Mo–Sa 10–18 Uhr, 4,50 €

Das Bauwerk wurde zwischen 1322 und 1453 errichtet. Das schmucklose Äußere und die weiten Innenräume sind charakteristisch für die katalanische Gotik. Die Rosette über dem Eingangsportal sorgt für faszinierende Lichteffekte. Das Original wurde während des Spanischen Bürgerkriegs zerstört. In einer der Seitenkapellen ist der Maler Antoni Viladomat (1678–1755) begraben. Seine Gemälde können in der Schatzkammer bewundert werden. Dort wird auch eine aufwendig gearbeitete Kreuzreliquie aufbewahrt. Ihren Namen hat die Kirche vom angrenzenden Platz, auf dem seit dem frühen 16. Jahrhundert eine Pinie steht.

Beeindruckendes Portal der gotischen Basilika Santa María del Pi

 **Sehenswert**

Campanario del Pi

| Glockenturm |

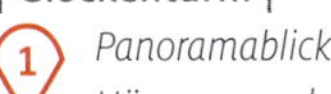

Panoramablick über das Häusermeer der Stadt

Im Glockenturm führen 260 schmale Stufen nach oben, doch die Anstrengung lohnt: Auf dem 54 Meter hohen Turm haben Besucher einen 360-Grad-Blick auf Barcelona. Besonders reizvoll sind die nächtlichen Führungen. Der Erlös kommt der Restauration der Kirche zugute.

■ Tel. 933 18 47 43, www.basilicadelpi.cat, Mo–Sa 10–18 Uhr, 9 €, Führung tgl. 12, 13 Uhr, nächtliche Führung 18 € (www.riostabarcelona.com)

Casa del Gremi dels Revenedors

| Fassade |

Hinter der barocken, sgraffitiverzierten Fassade befand sich seit dem Mittelalter das Zunfthaus der Wiederverkäufer, einer Organisation zur gegenseitigen Hilfe im Notfall. Die Kratzbilder stammen von 1781 und zeigen überwiegend Blumen und Engel. In einer Nische auf Höhe der Beletage steht eine Skulptur des Erzengels Michael, des Schutzpatrons der Zunft.

■ Pl. del Pi 3

Römische Grabstätte mitten in der Stadt: MUHBA Via Sepulcral Romana

Cafés

Granja La Pallaresa Die Kellner des Traditionslokals beherrschen ihr Handwerk und balancieren gekonnt Tabletts mit »xocolata amb xurros«, heißer, dickflüssiger Schokolade und dem dazugehörenden Fettgebäck zum Dippen. Ideal für eine »merienda«, die kleine Nachmittagsmahlzeit. ■ C. de Petritxol 11, www.lapallaresa.com, Tel. 933 02 20 36, Mo–Sa 9–13, 16–21, So 9–13, 17–21 Uhr

Einkaufen

Auf dem Vorplatz der Basilika **Santa María del Pi** findet am ersten und dritten Freitag, Samstag und Sonntag jedes Monats ein Bauernmarkt mit Wurst-, Käse- und Honigspezialitäten aus dem Umland statt.

Kunstmarkt Seit fast 40 Jahren breiten die Mitglieder des Kunstvereins im Schatten der Platanen Mappen mit ihren Werken aus. Ihre Stadtansichten sind souvenirtauglich. ■ Pl. de Sant Josep Oriol, Sa 11–20, So 11–14 Uhr

5 Palau de la Virreina

Sehenswerte Wechselausstellungen im Palast der Vizekönigin

■ Metro L3 Liceu
■ La Rambla 99, Tel. 933 16 10 00, www.lavirreina.bcn.cat, Di–So 11–20 Uhr, Eintritt frei

Manuel Amat i Junyent, Vizekönig von Peru, ließ den Palast für seine Frau bauen. Das zwischen 1772 und 1778 errichtete Gebäude ist einer der wenigen erhaltenen Rokoko- bzw. Barockbau-

La Boquería bietet Genuss sowohl für das Auge als auch für den Gaumen

ten der Stadt. Heute ist hier das städtische Centre de la Imatge mit lohnenswerten Wechselausstellungen rund um das Thema Bild.

Sehenswert

»Gegants de la ciutat«

| Ausstellung |

Die riesigen Pappmascheefiguren im Erdgeschoss zeigen das Königspaar Jaume I. und Violant d'Hongria und werden nach einer mittelalterlichen Tradition bei Stadtfesten wie La Mercè in ausgelassenen Prozessionen durch die Stadt getragen. Dazu schlüpft ein Träger unter die Kleider und lässt die Figur tanzen. In Katalonien hat jedes Dorf und jedes Stadtviertel solche »gegants«, Jaume I. und Violant d'Hongria sind gemeinsam mit dem gekrönten Adler die offiziellen Repräsentanten der Stadt.

■ La Rambla 99, Di–So 12–20 Uhr

ADAC Spartipp

Bei **Tiquet Rambles** im Erdgeschoss des Palau de la Virreina erhalten Sie drei Stunden vor Vorstellungsbeginn Last-Minute-Tickets für Theater, Konzerte und Oper zum halben Preis (tgl. 10–20.30 Uhr).

Gefällt Ihnen das?

Dann machen Sie sich doch weiter auf die Suche nach katalanischen Traditionen: Im Kulturzentrum **Casa dels Entremesos** (S. 47) erfahren Sie alles über Stocktänze, Krippenspiele und Co. Und vor der Kathedrale zeigen jeden Sonntag **»Sardana«-Tänzer** ihr Können (S. 38).

6 La Boquería

Barcelonas berühmteste Markthalle ist ein Fest für die Sinne

■ Metro L3 Liceu

■ La Rambla 91, www.boqueria.barcelona, Mo–Sa 8–20.30 Uhr

Das auffällige Buntglasemblem am Eingang weist die Markthalle korrekt als Mercat de Sant Josep aus. Seinen offiziellen Namen hat der 1840 eröffnete Markt nämlich von dem fünf Jahre zuvor geschleiften Sankt-Josef-Kloster, das sich hier befand. An den über 300 Marktständen fachsimpeln Hausmänner und Spitzenköchinnen über die besten Rezepte, Touristen bewun-

dern die appetitlichen Obst- und Gemüseberge. Die Anordnung der Stände spiegelt die Rangordnung innerhalb der katalanischen Küche: Der Ehrenplatz in der Mitte ist Fisch und Meeresfrüchten vorbehalten.

Sehenswert

Casa Bruno Quadros

| Fassade |

Der Fassadenschmuck aus Schirmen und Fächern an dem Wohn- und Geschäftshaus verweist auf den Schirmladen Bruno Quadros, der sich früher hier befand. Modernisme-Architekt Josep Vilaseca i Casanovas (1848–1910) gestaltete das Gebäude von 1883 bis 1888 im historisierenden Stil. Der schmiedeeiserne Drache ist eine Reminiszenz an Asien.

■ La Rambla 82

Pla de l'Os

| Mosaik |

Das kreisrunde Bodenmosaik von Joan Miró in den für ihn charakteristischen Farben Rot, Blau und Gelb markiert den Standort des Portal de Santa Eulàlia, einem der früheren Stadttore. Dass täglich Zehntausende das Werk mit Füßen treten, ist im Sinne des Erfinders. Der 1893 in der Passatge del Crèdit geborene Künstler wollte, dass sich sein Werk in die Stadtlandschaft fügte.

■ La Rambla, Pl. de la Boquería

Parken

Wer in der Boquería für mehr als 30 € einkauft, kann in der Tiefgarage hinter der Markthalle (C. de les Floristes de la Rambla) eine Stunde kostenlos parken. Gutscheine gegen Vorlage der Tickets am Infostand.

Im Blickpunkt

Einfach genial: »Pa amb tomàquet«

Eine Scheibe geröstetes Weißbrot, darauf zerriebene Tomaten, etwas Olivenöl und – je nach Gusto – ein Hauch Knoblauch oder etwas Salz: Fertig ist das populärste katalanische Gericht! »Pa amb tomàquet« (Brot mit Tomate) wird zum Frühstück, als Vorspeise oder Beilage gereicht und gilt als Aushängeschild katalanischer Kochkultur. Es kombiniert die klassischen mediterranen Zutaten Weizen und Olivenöl mit der im Mittelmeerraum begeistert adoptierten Tomate. Vermutlich kam ein Bauer im 18. Jahrhundert auf die Idee, ein schon etwas angetrocknetes Brot mit der gerade populär gewordenen roten Frucht aufzupeppen – und fand sofort Nachahmer. Doch Achtung: Was einfach klingt, muss es noch lange nicht sein. Über die Frage nach dem idealen Brot und der richtigen Reibetechnik haben sich schon ganze Tischgesellschaften zerstritten.

Restaurants

€ | **Bar Pinotxo** Kein Marktbesuch ohne ein Glas Cava und ein paar Gambas bei Juanito. Die Tapas-Bar in der Boquería ist eine Institution. ■ La Boquería, Stand 466–477, Tel. 933 17 17 31, www.pinotxo bar.com, tgl. 6–16 Uhr

€€ | **Casa Guinart** Traditionelle katalanische Küche in angenehmem Ambiente. Seit mehr als 110 Jahren eine der ersten Adressen rund um die Markthalle. ■ La Rambla 95, Tel. 933 17 88 87, www.casaguinart.com, tgl. 10–23.30 Uhr

Im Blickpunkt

Das Bürgertum hält Hof

Soll sich Madrid ruhig mit seinem Königshof brüsten, Barcelona hat dafür Europas größtes Opernhaus! Bereits bei seiner Eröffnung war das Gran Teatre del Liceu Ausdruck katalanischen Bürgerstolzes. Einflussreiche Großbürger gaben das Musikspielhaus in Auftrag und finanzierten den Bau über eine Aktiengesellschaft. Im Liceu wurde nicht nur dem in Katalonien verehrten Richard Wagner gehuldigt. Man machte dort auch Geschäfte – und zeigte sich. Bei den Premieren drängten sich die Schaulustigen auf den Rambles, um nichts vom Aufmarsch der illustren Opernbesucher zur verpassen. Damit Kleider und Schmuck der Damen im besten Licht erstrahlten, blieb das Saallicht während der Vorstellungen an. Manch geltungsbewusster Geschäftsmann hängte seiner Vorzeigedame die Juwelen unmittelbar nach Fallen des Vorhangs wieder ab.

Cafés

Pasteleria Escribà In dem Modernisme-Eckhaus gibt es exquisite Torten und Pralinen. ■ La Rambla 83, www.escriba.es, tgl. 9–22 Uhr

7 Gran Teatre del Liceu

Originalgetreue Rekonstruktion des einst größten Opernsaals Europas

■ Metro L3 Liceu
■ La Rambla 51–59, Tel. 934 85 99 00, www.liceubarcelona.cat, Führungen Mo–Fr 9.30, 10.30, 11.30 12.30 Uhr, 16 €

Das Gran Teatre del Liceu war bei seiner Eröffnung am 4. April 1847 mit 3000 Plätzen das größte Opernhaus Europas, als Vorbild diente die Mailänder Scala. Innerhalb weniger Jahre wurde das von Miquel Garriga i Roca erbaute Haus zu einem der wichtigsten Musiktheater Europas und Gralsburg für Richard-Wagner-Liebhaber. Das Bauwerk selbst hat eine wechselvolle Geschichte: Es war Schauplatz eines Attentats und brannte zweimal, 1861 und 1994, komplett aus. Außen ist nur die relativ schlichte Fassade mit Büsten berühmter Komponisten, darunter Ludwig van Beethoven, Giacomo Meyerbeer, Gioachino Rossini und Wolfgang Amadeus Mozart, erhalten. Innen sind das Vestibül – mit Anleihen an den Renaissance-Stil – sowie der Salón de los Espejos (Spiegelsaal) original, der Theatersaal mit seinen opulenten Logen wurde nach dem letzten Brand originalgetreu rekonstruiert und mit moderner Bühnentechnik, die schnelle und kosteneffiziente Wechsel der Bühnenbilder erlaubt, ausgestattet.

Ungewöhnliche Fassade der Pasteleria Escribà mit bunten Mosaiken

Cafés

3 **Rocambolesc** Von »Star Wars« oder »Game of Thrones« inspiriertes Eis am Stiel oder so ungewöhnliche Kreationen wie Basilikum-Karamell mit Mandarinensorbet: Mit seiner Eisboutique hat sich Drei-Sterne-Koch Jordi Roca einen Kindheitstraum erfüllt. Unbedingt probieren: das heiße Eis! Die kühle Leckerei wird in einem heißen Brioche versiegelt und serviert.

■ La Rambla 51–59, Tel. 937 431 125, 33 02 69 93, www.rocambolesc.com, So–Do 12–23.30, Fr, Sa 12–1.30 Uhr

Café de l'Opera Das historische Operncafé ist inzwischen zwar etwas in die Jahre gekommen, wegen seines Interieurs und der für die Zone zivilen Preise aber immer noch populär.

■ La Rambla 74, Tel. 933 177 585, www.cafeoperabcn.com, tgl. 8–2.30 Uhr

8 Plaça Reial

Der arkadengesäumte Platz ist abends ein beliebter Treffpunkt

■ Metro L3 Liceu
■ Pl. Reial

Die behelmten Laternen und Sitzbänke auf dem »Königlichen Platz« stammen von Antoni Gaudí, der Drei-Grazien-Brunnen von Antoine Durenne und die Platzanlage von Francesc Daniel Molina. Erbaut zwischen 1848 und 1859, sollte der an allen vier Seiten von klassizistischen Gebäuden umschlossene Platz an die napoleonische Architektur erinnern, die Palmen und Terrassencafés lassen ihn aber sehr viel mediterraner wirken. Abends flanieren unter den Arkaden Szenegänger und besuchen die umliegenden Clubs.

Restaurants

€€ | **Viana Barcelona** In einer Gasse etwas abseits der Touristenfallen am Platz bereiten die Brüder Rubén und Miguel raffinierte Gerichte wie marinierten Thunfisch mit Apfel und Avocado. Leckere Cocktails. ■ C. del Vidre, Tel. 934 63 82 95, www.vianabcn.com, Mo–Do 18–24, Fr–So 13–16, 18–24 Uhr

Einkaufen

Herboristeria del Rei In der Kräuterapotheke ist noch die Originalausstattung von 1857 zu bewundern. Mitbringseltaugliche Seifen, Öle und Tees. ■ C. del Vidre 1, www.herboristeriadelrei.com, Di–Do 14.30–20.30, Fr, Sa 10.30–20.30 Uhr

Kinder

Bosc de les Fades Mit Elfen, Gnomen und einem stündlichen Gewitter verzaubert das Märchencafé kleine Gäste, die Eltern freuen sich über Snacks und Bier. Die Besitzer betreiben auch das vom Aus bedrohte Wachsfigurenmuseum nebenan. ■ Ptge. de la Banca 7, Tel. 933 17 26 49, Mo–Do 10–1, Fr 10–1.30, Sa 11–2, So 11–1 Uhr

9 Centre d'Arts Santa Mònica

Moderner, multifunktionaler Ausstellungsraum

■ Metro L3 Drassanes
■ La Rambla 7, Tel. 935 67 11 10, artssantamonica.gencat.cat, Di–Sa 11–21, So 11–19 Uhr

Das Kunstzentrum in einem ehemaligen Kloster von 1636 gilt als Paradebeispiel des abstrakten Minimalismus. Verantwortlich für den Umbau waren die Architekten Helio Piñón und Albert Viaplana. Neben Wechselausstellungen zu zeitgenössischer Kunst, Fotografie und Kreation werden auch Workshops und Seminare veranstaltet. Von der Terrasse des Cafés hat man einen schönen Blick auf die Rambles.

Erlebnisse

Tour »Im Schatten des Windes« Mit seinen Büchern »Der Schatten des Windes« und »Das Spiel der Engel« hat Bestseller-Autor Carlos Ruiz Zafón seiner Heimatstadt ein Denkmal gesetzt, und natürlich spielen die Gassen rings

um die Rambles dort eine besondere Rolle. Der Spaziergang führt zu den wichtigsten Schauplätzen, etwa zum Friedhof der vergessenen Bücher. Start: Rambla de Santa Mónica, Dauer: 2,5 Stunden. ■ Icono Serveis, Avinguda Portal de l'Àngel 38, Tel. 934101405, www.iconoserveis.com, Juni–Okt. Sa 18 Uhr, Nov.–Mai 17 Uhr, 14,50 €

10 Palau Güell

Gaudís Frühwerk ist eines der wenigen Modernisme-Häuser in der Altstadt

■ Metro L3 Drassanes
■ C. Nou de la Rambla 3–5,
Tel. 934725775, www.palauguell.cat, Nov.–März Di–So 10–17.30, April–Okt. Di–So 10–20 Uhr, 12 €

Das zwischen 1886 und 1890 im Auftrag von Eusebi Güell (1846–1918) errichtete Stadthaus gehört zum Frühwerk Antoni Gaudís und diente als Residenz, Privatmuseum und gesellschaftlicher Treffpunkt. Während Gaudís Formensprache hier noch im Neogotischen verhaftet ist, zeigt der Entwurf schon die für ihn charakteristische durchdachte moderne Raumplanung: Das Gebäude verfügt über eine »Tiefgarage« für Kutschen, Belüftungsschächte und eine Art Müllschlucker in der Küche. Besonders sehenswert: der die gesamte Gebäudehöhe durchstoßende Ballsaal mit Orgel. Im Inneren

Blick auf das mit Türmchen gekrönte Dach des Palau Güell von Antoni Gaudí

»El Gato Gordo« von Fernando Botero unter Bäumen auf der Rambla del Raval

sind Möbel und Einrichtungsgegenstände ausgestellt, die Gaudí für die Familie Güell entwarf. Im Vergleich zu anderen Modernisme-Gebäuden angemessener Eintrittspreis. Jeden zweiten und vierten Sonntag um 11 Uhr kindgerechte Familienführungen (mit Verkleidungsspielen).

11 Rambla del Raval

Unter schattigen Bäumen trifft Kulturszene auf Multikulti

- Metro L3, L2 Paral·lel, Drassanes
- Rbla. del Raval

Die begrünte, knapp 300 Meter lange Rambla sollte Licht und Luft in das Rotlichtviertel bringen. Für die Flaniermeile wurden Ende der 1990er-Jahre fünf Wohnblocks abgerissen. Heute trifft sich in den Cafés rings um die Katerskulptur von Fernando Botero ein buntes Publikum aus Nachtschwärmern, Anwohnern und Touristen. Kultureinrichtungen wie die Filmoteca oder der futuristische Hotelturm Barceló haben Signalwirkung über das Viertel hinaus. Von der Dachterrasse des Barceló blickt man über die Altstadt.

ADAC Spartipp

Jeden ersten Sonntag im Monat ist der Besuch des **Palau Güell** kostenlos. Da der Einlass begrenzt ist, am besten online reservieren! Auch der Eintritt in **MNAC** (S. 95), **Museu Picasso** (S. 56) und **CosmoCaixa** (S. 118) ist am ersten Sonntag im Monat gratis.

12 Sant Pau del Camp

Verstecktes romanisches Kleinod mit schönem Kreuzgang

■ Metro L3, L2 Paral·lel, Drassanes
■ C. de Sant Pau 101, Tel. 934 41 00 01, Mo–Sa 10–13.30, 16–19.30 Uhr

Die Klosterkirche ist eines der wenigen romanischen Gebäude der Stadt. Das Benediktinerkloster wurde vermutlich im 9. Jahrhundert gegründet und während der maurischen Invasion 985 zerstört. Die heutige Kirche stammt aus dem 12. Jahrhundert, sehenswert ist der Kreuzgang mit den Kleeblattbogen. Einen Blick lohnen auch die Portale und Kapitelle mit Tier- und Pflanzenreliefs. Weil die Kirche zur Bauzeit außerhalb der Stadt lag, trägt sie den Zusatz »del camp« (»auf dem Feld«).

Restaurants

€ | La Monroe Im Bar-Restaurant in der Filmoteca gibt es internationales Fingerfood. ■ Pl. de Salvador Seguí 1–9, Tel. 934 41 94 61, www.lamonroe.es, So–Do 12–1, Fr, Sa 12–2.30 Uhr

€€ | Suculent Toni Romero offeriert in einer Altstadttaverne moderne katalanische Küche. Besonders empfehlenswert ist der Tintenfisch mit Foie gras. ■ Rbla. del Raval 43, Tel. 934 43 65 79, www.suculent.com, Mi–So 13–16, 20–23.30 Uhr

Einkaufen

Mercat Raval An den Frühjahrs- und Sommerwochenenden schlagen auf der Rambla del Raval lokale Designer ihre Zelte auf und verkaufen selbst entworfene Schuhe, Kleider, Schmuck und Kosmetik. ■ www.mercatraval.com

13 Antic Hospital de la Santa Creu

Das ehemalige Spital ist eine Oase der Ruhe

■ Metro L3 Liceu
■ C. de l'Hospital 56, 9–20 Uhr

Das 1401 erbaute Hospiz war bis in die 1930er-Jahre das wichtigste städtische Krankenhaus. Zu seinen berühmtesten Patienten zählte Antoni Gaudí, der hier 1926 nach einem Unfall starb. Die von Guillem d'Abriell entworfene massive Anlage mit ihren hohen, weiten Räumen gilt als Musterbeispiel ziviler gotischer Baukunst und setzte in der Gesundheitsverwaltung neue Maßstäbe: Erstmals waren die über die Stadt verstreuten Spitäler unter einem Dach – mit Platz für 400 Patienten – zusammengefasst. Heute befindet sich in einem der zweigeschossigen Flügel die katalanische Nationalbibliothek Biblioteca de Catalunya und eine Stadtteilbibliothek. Der Innenhof mit Orangenbäumen, Arkaden und Bodenschach lockt vor allem im Sommer Anwohner und Touristen. Hübsches Hof-Café.

Sehenswert

Reial Acadèmia de Medicina
| Architektur |
In der königlichen Akademie für Medizin lernten und forschten Mediziner wie der Nobelpreisträger Santiago Ramón y Cajal. Im Spitalanbau besticht vor allem das spätbarocke anatomische Amphitheater mit der hohen Kuppel und dem gewaltigen Lüster. ■ C. del Carme 47, Tel. 933 21 01 25, www.sternalia.com, Führungen Mi, Sa 10.30, 11.30, 12.30 Uhr, 8 €

La Capella

| Ausstellung |

In der ehemaligen Kapelle der Spitalanlage – Teil des Museu d'Art Contemporani de Barcelona – werden Videoinstallationen und Arbeiten zeitgenössischer Nachwuchskünstler gezeigt. Das Barockportal krönt eine allegorische Darstellung der Barmherzigkeit von Pere Costa (1693–1761).

■ C. de l'Hospital 56, www.lacapella.bcn.cat, Di–Sa 12–20, So 11–14 Uhr

Restaurants

€ | **Llop** Pfiffig variierte Tapas-Klassiker, kleine Frühstücksbar und ein großzügiger Co-Working-Raum für die digitale Bohème: Tomàs Tarruella weiß, wie man im Szeneviertel punktet. Abends Livemusik. ■ C. Doctor Dou 1, Tel. 934 61 59 11, www.encompaniadelobos.com, So–Do 9–23.30, Fr, Sa bis 24 Uhr

Skateboarder vor dem Museu d'Art Contemporani de Barcelona (MACBA)

14 Casa de la Misericordia

Orangenhain in einem ehemaligen Waisenhaus

■ Metro L1, L3 Catalunya
■ C. d'Elisabets 8–10, Tel. 933 02 16 92

In der 1581 gegründeten Casa de la Misericordia befand sich ein Waisenhaus für Mädchen und ein Heim für mittellose Frauen. Die großzügige, im 19. Jahrhundert umgebaute Anlage, die mehrere Stiftungen und eine Bücherei beherbergt, zeichnet sich durch den Innenhof aus, in dem 30 Orangenbäume wachsen, und das Gartencafé im Nebenhof. An der Seitenfassade an der Plaça de Vicenç Martorell ist noch die »Babyklappe« zu sehen, über die ungewünschte Neugeborene bis 1931 anonym in die klösterliche Obhut gegeben werden konnten.

Sehenswert

Plaça de Vicenç Martorell

| Platz |

Auf dem Platz pflegt man mediterrane Lässigkeit

Auf dem Spielplatz toben Kinder, die Eltern schlürfen unter den Arkaden »café amb llet« oder lassen sich Tapas schmecken. Auf dem Platz lässt sich jenes entspannte Großstadtleben beobachten, das einen Großteil des Charmes von Barcelona ausmacht.

■ Metro L1, L3 Catalunya

Einkaufen

La Central del Raval Buchhandlung mit knarzenden Dielen und einer großen Auswahl in der ehemaligen Ka-

pelle der Casa de la Misericordia. Auf 850 Quadratmetern finden Leseratten auch internationale Literatur – sowie Postkarten, Kalender und Souvenirs. ■ C. d'Elisabets 6, Tel. 900 80 21 09, www.lacentral.com, Mo–Sa 10–21 Uhr

15 MACBA

Zeitgenössische Kunst und Skateboard-Akrobatik

■ Metro L1, L2, L3 Universitat, Catalunya
■ Pl. dels Àngels 1, www.macba.cat, Mo, Mi–Fr 11–19.30, Sa 10–21, So 10–15 Uhr, 11 €

Auf den Rampen vor Richard Meiers (*1934) strahlend weißem Bau des Museu d'Art Contemporani de Barcelona zeigen Skateboarder ihr Können, im Museum selbst wird auf drei Stockwerken zeitgenössische bildende Kunst ab 1945 präsentiert. Die benachbarte Capella dels Àngels ist ebenfalls Teil des Museums. Die Eintrittskarte ist einen Monat lang gültig.

Restaurants

€€ | **En Ville** Nicht nur Marmortische und Spiegelwände verbreiten Bistro-Flair, auch die Speisekarte wartet mit französischem Akzent auf. Marktfrische Mittelmeerküche mit guten Mittagsmenüs. ■ C. Doctor Dou 14, Tel. 933 02 84 67, www.envillebarcelona.es, tgl. 13–16, 19.30–23.30 Uhr, So abends geschl.

Einkaufen

Nuovum Design In den Regalen liegen die Kreationen aufstrebender Designer – von der Handtasche bis zur Tischlampe. Die Lage könnte nicht besser sein: Das nahe MACBA lockt stilbewusste Ästheten an. ■ C. Pintor Fortuny 30, www.nuovum.com, Mo–Sa 11–14.30, 16–20.30 Uhr

ADAC Spartipp

Während der Mittagszeit (13.30–15.30 Uhr) bieten die meisten Restaurants empfehlenswerte und preisgünstige Hausmenüs. Das **»menú del mediodia«** kostet zehn bis 15 € und umfasst zwei Gerichte. Der »primer plat« ist meist Suppe, Eintopf, ein Gemüse- oder Reisgericht, der »segon« besteht in der Regel aus Fisch oder Fleisch. Wasser, Hauswein sowie Dessert oder Kaffee sind normalerweise im Preis inbegriffen.

16 CCCB

Einblicke in die Kulturszene – und ungewöhnlicher Ausblick auf die Stadt

■ Metro L1, L2, L3 Universitat, Catalunya
■ C. Montalegre 5, www.cccb.org, Di–So 11–20 Uhr, 6–8 €

Das Centre de Cultura Contemporània de Barcelona widmet sich den unterschiedlichen Facetten urbaner Kultur: Ausstellungen zu Architektur finden sich ebenso im Programm des Kulturzentrums wie Literaturfestivals oder Kongresse zu Cyber-Aktivismus. Der Architekt Albert Viaplana (1933–2014) hat das ehemalige Armenasyl stilsicher modernisiert und die verspiegelte Fassade des Dachgeschosses so ausgerichtet, dass man vom Hof einen überraschenden Blick auf Meer und Skyline werfen kann. Angenehmes Loungecafé im Hof.

Am Abend

Die Straßen rings um die Rambles sind eine der beliebtesten Ausgehzonen der Stadt – sehr zum Leidwesen der Anwohner. Während sich im Raval ein junges Szenepublikum in Bars und Undergroundclubs vergnügt, ist das Barri Gòtic fest in der Hand internationaler Partytouristen. Aber auch für anspruchsvolles Publikum gibt es Anlaufstellen.

Kinos

Filmoteca Die Autorenfilme (in Originalsprache) und Retrospektiven machen den Sichtbetonquader im Raval zu dem Cineastentreff der Stadt. Sehr erschwingliche Preise. ■ Pl. de Salvador Seguí 1–9, Metro L3 Liceu, Tel. 935 67 10 70, www.filmoteca.cat

Bühne

Tarantos Barcelona ist zwar keine Flamenco-Hochburg, hat dank andalusischer Einwanderer aber eine gewisse Tradition: Die Tanz- und Gesangsshows sind hochrangig. Jeden Abend mehrere Vorführungen. ■ Pl. Reial 17, Metro L3 Liceu und Drassanes, Tel. 933 09 77 56, www.masimas.com/tarantos

Gran Teatre del Liceu Neben dem eigenen Ensemble treten auch internationale Stars auf. Wer am Tag der Vorführung noch ein Ticket ergattert und jünger als 35 bzw. älter als 65 ist, zahlt die Hälfte bzw. 30 Prozent weniger. ■ La Rambla 51–59, Metro L3 Liceu, Tel. 934 85 99 00, www.liceubarcelona.cat

Teatre Romea Das 1863 eröffnete Theater zeigt klassische und zeitgenössische Stücke spanischer und internationaler Autoren. Für ihre Inszenierungen (auf Katalanisch und Spanisch) erhält die Bühne regelmäßig Preise. Hier gibt es auch Kindertheater. ■ C. Hospital 51, Metro L3 Liceu, Tel. 933 01 55 04, www.teatreromea.cat

Konzerte

Jamboree Der Jazzkeller gehört zu den Klassikern der Livemusikszene. Nach den Konzerten tanzt man im Kellergewölbe zu Soul, Funk und House. ■ Pl. Reial 17, Metro L3 Liceu und Drassanes, Tel. 933 19 17 89, www.masimas.com/jamboree

Kneipen, Bars und Clubs

Boadas Die im Jahr 1933 von dem Kuba-Rückkehrer Miguel Boadas gegründete Cocktailbar gilt vielen immer noch als beste Bar der Stadt. ■ C. dels Tallers 1, Metro L3 Liceu, Tel. 933 18 95 92, www.boadascocktails.com

La Whiskeria Der Name ist ganz klar Programm: Hier dreht sich alles um Getreide-Spirituosen. Mit einem langen Tresen und nostalgischen Chaiselongues spricht die Traditionsbar vor allem ein Publikum ab 40 an. ■ C. de les Sitges 3, Metro L1, L2 Universitat, www.lawhiskeria.es, So–Di 19–2, Mi, Do 15–2, Fr 15–3, Sa, So 19–3 Uhr

Übernachten

Die Hotels rings um die Rambles sind meist familiärer und kleiner als die Dependancen der großen Ketten im Eixample. Neben vielen familiengeführten Häusern gibt es auch eine Reihe empfehlenswerter Boutique- und Designhotels. Wer in der Altstadt wohnt, kann viele Sehenswürdigkeiten zu Fuß erreichen. Nachteil: Es ist zuweilen recht laut.

€

Hotel Arc La Rambla Zentraler geht's nicht: Das Hotel liegt direkt an den Rambles. Die Zimmer sind eher klein, aber sauber. Das freundliche Personal hilft gern mit Tipps und Empfehlungen. ■ La Rambla 19, Tel. 933 01 97 98, www.hotelarclarambla.com

Hotel Jazz Das Hotel liegt zentral an der Plaça de Catalunya und wartet mit modernen, unaufgeregten Zimmern und geräumigen Bädern auf. Das Frühstücksbüfett ist reichhaltig, die Sonnenterrasse (mit Pool) eine wahre Oase. ■ C. Pelai 3, Tel. 932 20 29 56, www.hoteljazz.com

€€

Coolrooms Maldà Das Boutique-Hotel liegt mitten im Gassengewirr des Barri Gòtic, die Zimmer sind dennoch ruhig und stylish-elegant. Wer den ganzen Tag auf den Beinen war, freut sich über den ebenen Duscheinstieg und Netflix-Zugang. ■ Carrer del Pi 5, Tel. 936 28 23 30, www.coolrooms.com

€€€

Casa Camper Das trendige Designhotel des mallorquinischen Schuhfabrikanten im hippen Viertel El Raval überrascht mit einer originellen Raumaufteilung, Hängematten und einem vertikalen Garten. ■ C. Elisabets 11, Tel. 933 42 62 80, www.casacamper.com

ADAC Das besondere Hotel

Beim Frühstück im Sirenensaal blickt man auf die Keramikwandbilder von Ramón Casas, der Kamin in der Bar stammt von Eusebi Arnau: Der Aufenthalt im **Hotel Espanya** ist eine Zeitreise in den Modernisme. Dabei wirkt das Hotel nie museal, sondern immer lebendig – was auch an der Küche liegt: Im Fonda Espanya schwingt Sternekoch Martín Berasategui das Zepter.
€€€ | C. de Sant Pau 9–11, Tel. 935 50 00 00, www.hotelespanya.com

Mont Taber, Sant Pere und Santa Caterina

Das Mittelalterflair der Altstadt begeistert nicht nur Besucher. Auch bei Kreativen sind die alten Handwerkerviertel populär

Barcelonas Altstadt ist gotisch – und hat ein römisches Herz. Als die Römer im 1. Jahrhundert v. Chr. hier ein befestigtes Lager für Legionäre planten, wählten sie den Mont Taber als Standort und errichteten auf dem 17 Meter hohen Hügel einen Augustustempel und das Forum. Die Stadt hat sich radikal gewandelt, aber die kleine Erhebung ist immer noch das Zentrum der politischen und religiösen Macht. Die Straßenzüge des Barri Gòtic zeugen von der Bedeutung des mittelalterlichen Barcelona. Unter den Grafenkönigen der Krone von Aragón blühten Handwerk und Handel, jenseits der heutigen Via Laietana entstanden die Viertel Sant Pere und Santa Caterina. Beide Quartiere werden von der Stadt instand gesetzt – mit Fingerspitzengefühl: Auf den von schmalen Handwerkerhäusern umringten Plätzen glaubt man manchmal, noch Pferdekutschen übers Pflaster rattern zu hören.

In diesem Kapitel:

ADAC Top Tipps:

La Catedral La Seu
| Kathedrale |

Wo sich heute die Kathedrale befindet, stand schon ein römischer Tempel. Geweiht ist La Seu, eines der schönsten gotischen Bauwerke der Stadt, der Schutzpatronin Barcelonas, der Märtyrerin Santa Eulàlia, deren Leichnam unter dem Hochaltar begraben ist. ... 37

Palau de la Música Catalana
| Konzerthaus |

Pferde, die aus der Wand zu springen scheinen, ornamentale Keramikblüten

und ein gigantisches Oberlicht in Tropfenform: Das Konzerthaus von Lluís Domènech i Montaner ist ein orgiastischer Modernisme-Traum und gehört zu Recht zum UNESCO-Weltkulturerbe. 45

ADAC Empfehlungen:

Museu d'Història de Barcelona (MUHBA)

| Museum |

Im Stadtmuseum wandelt man auf drei Etagen im Palau Clarina Padellàs von den römischen Ruinen herauf ins hohe Mittelalter. Exzellente Museumspädagogik. 40

Caelum

| Café |

Charmantes Café mit Spezialitäten aus Spaniens Frauenklöstern. Im Keller sitzt man recht urig zwischen den Überresten eines jüdischen Bads. 43

Sombrerería Obach

| Hutladen |

Mit Stil trotzt der Hutladen von 1924 flüchtigen Moden und bringt edle Hüte an den Mann. 44

Cafeteria Foyer

| Architektur |

Ein Glas Cava unter den Keramikbogen des Palau de la Música ist stimmungsvoller Auftakt für einen musikalischen Abend. 46

Mercat de Santa Caterina

| Markthalle |

Sie ist genauso sehenswert, aber nicht so überlaufen wie ihre berühmte Schwester, La Boquería. 47

We Boutique Hotel

| Hotel |

Zentral gelegene B & B-Unterkunft in einer liebevoll renovierten Eixample-Wohnung – stilvoll und mit persönlicher Note. 49

17 Rund um die Kathedrale

Hier werden 2000 Jahre Geschichte erlebbar

Metropolitankirche des Erzbistums Barcelona: die gotische La Catedral La Seu

Information

- Punts d'Informació turística, Pl. Nova 5 und Pl. de Sant Jaume, www.barcelonaturisme.com
- Metro L4 Jaume I
- Parken: S. 19

In den Gassen rings um die Kathedrale brauchen Sie detektivisches Gespür: Gebäude aus zwei Jahrtausenden sind hier zu einem Amalgam verschmolzen, da fällt die richtige historische Zuordnung nicht leicht. Der Palau Episcopal, die Casa de L'Ardiaca und die Capella Santa Àgata sitzen auf den Mauern des römischen Barcino bzw. Aquädukts. Beim Um- und Neubau der Paläste hat man immer wieder »recycelt« und etwa römische Grabsteine als hübsche Ecksteine für ein hochmittelalterliches Palais eingesetzt. Auch die gotische Kathedrale wurde auf einer vorchristlichen Basilika und ihrem romanischen Nachfolgebau errichtet. Zeugnisse der in Barcelona nur 70 Jahre währenden islamischen Herrschaft sind kaum noch erhalten, dafür gibt es ein paar Schmankerl für Modernisme-Freunde wie etwa Lluís Domènech i Montaners

Plan S. 39 

berühmten Briefkasten an der Casa de l'Ardiaca. Doch Vorsicht, nicht alles, was so aussieht, ist auch »original«: Die der venezianischen Seufzerbrücke nachempfundene Verbindung zwischen Palau de la Generalitat und Casa de los Canónigos, der Pont del Bispe, tut zwar antik, stammt aber tatsächlich aus dem Jahr 1928. Der Wirkung tut dies keinen Abbruch: Die Atmosphäre in Barcelonas ältestem bebautem Geviert ist trotz Besuchermassen einzigartig. Wer auch noch das Stadtmuseum besuchen will, verbringt hier gut einen halben Tag.

 **Sehenswert**

a La Catedral La Seu

| Kathedrale |

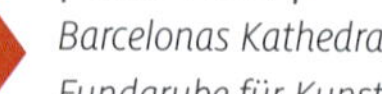

2 *Barcelonas Kathedrale ist eine Fundgrube für Kunstinteressierte*

Mit vollem Namen heißt die La Seu genannte Kirche Catedral de la Santa Creu i Santa Eulàlia. Gewidmet ist sie der Stadtpatronin Santa Eulàlia, einer 13-jährigen Märtyrerin, die in spätrömischer Zeit (um 290) zu Tode gefoltert wurde und in einer sehenswerten romanischen Krypta unter dem Hauptaltar begraben ist.

Während der langen Bauzeit (1298–1448, die Hauptfassade wurde erst im 19. Jahrhundert fertiggestellt) beaufsichtigte eine Vielzahl von Baumeistern die Arbeiten, darunter der Mallorquiner Jaume Fabre (1317), Bernat Roca (1358–1388) und Arnau Bargués (1397). Der Grundriss der Kirche ist für die katalanische Gotik typisch: In den beiden Seitenschiffen sind zwischen Strebepfeilern 28 Kapellen angeordnet, teils mit herausragenden gotischen Altaraufsätzen aus dem 14. und 15. Jahrhun-

ADAC Wussten Sie schon?

1820 plante die progressive Stadtverwaltung, die Fassade der **Kathedrale** mit Inschriften aus der Verfassung und dem bürgerlichen Gesetzbuch zu verzieren. Doch dem Mäzen sagte solcher »moderner Schnickschnack« nicht zu, er setzte den von ihm bevorzugten neogotischen Stil durch.

dert. In der Capella del Santíssim Sagrament findet sich das Kruzifix mit dem Christus von Lepanto. Der Legende nach wich die Figur während einer Seeschlacht gegen die Türken einer Kanonenkugel aus: daher die ungewöhnliche Körperhaltung. Einen Besuch lohnt auch der Kreuzgang mit den 13 an die hl. Eulalia erinnernden schnatternden Gänsen.

■ Pl. de la Seu, www.catedralbcn.org, 12.30–19.45, Sa 12.30–17.30, So 14–17, 7 € Chor 3 € (vormittags ist die Kathedrale für Andachten geöffnet, kostenlose Besichtigung eingeschränkt möglich)

Im Blickpunkt

Katalanischer Nationaltanz

»Bei der Sardana tanzt das Herz, der Kopf aber rechnet«: Auf diese Formel brachte Modernisme-Künstler Santiago Rusiñol den katalanischen Nationaltanz. Tatsächlich ist die Schrittfolge des Ringelreihen äußerst kompliziert, was die oft ernsten Mienen der Tanzenden erklärt. Unter Diktator Francisco Franco war der Reigentanz als Ausdruck katalanischen Selbstbewusstseins verboten. Seiner Popularität hat das keinen Abbruch getan, im Gegenteil: Wenn auf Volksfesten – oder jeden Sonntag am späten Vormittag vor der Kathedrale – die etwas schrillen Weisen der »cobla«-Kapelle ertönen, finden sich immer genug Tänzer. Natürlich sind dabei auch Nicht-Katalanen willkommen. Tasche oder Rucksack in die Mitte stellen, einreihen – und das Zählen nicht vergessen!

ADAC Wussten Sie schon?

Zu Fronleichnam wird der Brunnen im Innenhof der **Casa de L'Ardiaca** und anderer herausragender Gebäude mit Blumen geschmückt. Auf einen Wasserstrahl setzt man ein leer gepustetes Ei, das darauf »tanzt«. Der Brauch des »L'ou com balla« existiert seit 1637 und geht vermutlich auf Fruchbarkeitsriten zurück.

Casa de L'Ardiaca

| Palais |

Der Palast des Erzdiakons sitzt direkt an der römischen Stadtmauer und wurde mehrfach umgebaut. Sehenswert sind der Renaissance-Innenhof, der Balkon im Obergeschoss und der Modernisme-Briefkasten: Damals saß hier die Anwaltskammer, die Schwalben stehen für die Unabhängigkeit der Justiz, die Schildkröten für die Schwerfälligkeit der Bürokratie.

■ C. de Santa Llucia 1, Tel. 933 18 11 95, Sept.–Juni Mo–Fr 9–20.45, Sa 9–13, Juli, Aug. Mo–Fr 9–19.30 Uhr

Muralla Romana

| Ruine |

Am Carrer del Bisbe befand sich eines der wichtigsten Eingangstore Barcinos. Von der Plaça Nova aus sind die wuchtigen Türme und die Reste der Stadtmauer aus dem 3. Jahrhundert gut zu erkennen. 76 solcher Aufsätze befanden sich auf dem 1300 Meter langen Wall. Die bis zu 18 Meter hohen Türme brachten Barcelona den Spitznamen »gekrönte Stadt« ein. Die Buchstaben mit dem Namen der römischen Siedlung sind ein »visuelles Gedicht« von Joan Brossa (1919–1998).

d Casa de la Pia Almoina

| Museum |

Die auf Resten der römischen Stadtmauer errichtete Casa Pia Almoina beherbergte die bereits 1009 gegründete Institution zur Armenspeisung. Heute sitzt hier das Diözesanmuseum mit der Antoni Gaudí gewidmeten multimedialen Dauerausstellung Gaudí Exhibition Center. Anhand von 3-D-Animationen und Exponaten lernen Besucher Leben und Denken des katalanischen Architekten kennen und erfahren, wie sehr religiöse Symbolik seine Werke prägte. Unter den Schätzen des Diözesanmuseums verdienen die Altaraufsätze der gotischen Meister Bernat Martorell und Jaume Cirera besondere Beachtung.

■ Pl. de la Seu 7, www.gaudiexhibitioncenter.com, März–Okt. tgl. 10–20, Nov.–Feb. 10–18 Uhr, 15 € (inkl. Audio-Guide)

e Museu Frederic Marès

| Museum |

In dem gotischen Palast befand sich bis 1834 das Gericht der Inquisition. An der Fassade ist noch das königliche Wappen zu erkennen. Heute beherbergt das Gebäude – ursprünglich Teil der Königsresidenz – die Privatkollektion des katalanischen Bildhauers und Sammlers Frederic Marès (1893–1991). Seine Skulpturensammlung umfasst den Zeitraum von der Antike bis zum 19. Jahrhundert. Besonders sehenswert sind die Sammlungen zur Alltagskultur des 15. bis 19. Jahrhunderts mit einem Spielzeugsaal und einem Raum mit Fächern, Schmuck und anderen Accessoires.

■ Pl. Sant Iu 5, www.museumares.bcn.cat, Di–Sa 10–19, So 11–20 Uhr, 4,20 €

f Pont del Bisbe

| Brücke |

Die neogotische Brücke verbindet seit 1928 den Palau de la Generalitat mit dem zeitweise als Residenz genutzten Kanonikerhaus und ermöglichte dem Präsidenten so einen schnellen Weg ins Büro. Wer das Schwert aus dem Totenschädel unter dem Brückenbogen zieht, soll einer Legende nach die Stadt zum Einsturz bringen.

■ Carrer del Bisbe 1

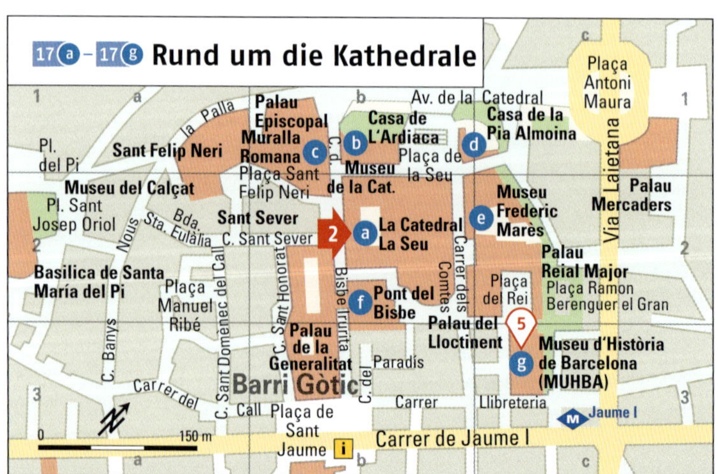

Im Palau de la Generalitat von 1403 residiert die katalanische Regionalregierung

g Museu d'Història de Barcelona (MUHBA)

| Museum |

Spannende Zeitreise durch 2000 Jahre Stadtgeschichte

Das Stadtmuseum verdankt seine Entstehung einem Zufall. Als die Casa Clariana-Padellàs 1931 wegen eines Straßenbaus umgesetzt wurde, traten die Reste einer Fischmanufaktur, einer Wäscherei sowie eines Weinkellers zutage. Im darüber errichteten Museum wandern Besucher heute durch eine sehr anschaulich aufbereitete Ruinenlandschaft – und entdecken die römische, westgotische und mittelalterliche Stadt neu. Die Santa-Agata-Kapelle mit ihrem charakteristischen Kronenturm und der Saló Tinell, in dem die Könige Kolumbus empfingen, gehören ebenfalls zum Komplex.

■ Pl. del Rei, www.museuhistoria.bcn.cat, Di–Sa 10–19, So 10–20 Uhr, 7 €

Restaurants

€€ | **Buenas Migas** Leckere Focaccia, Salate und andere italienische Spezialitäten für den kleinen Hunger zwischendurch. ■ Baixada de Santa Clara 2, Tel. 936 39 32 13, www.buenasmigas.com, Mo–So 8–22 Uhr, Plan S. 39 c2

€€ | **El Bosco** Tapas-Bar nahe der Plaça Nova abseits des Trubels. Während die Eltern auf Schinken und Edelburger warten, toben die Kinder auf dem Spielplatz. ■ C. dels Capellans 9, Tel. 933 19 13 80, www.restaurantbosco.com, Mo 12–17, Di–Sa 12–1 Uhr, Plan S. 39 nördl. b1

Einkaufen

Cereria Subirà Barcelonas ältester Laden lohnt nicht nur wegen der fantasievollen Kerzen, sondern auch wegen des Originalinterieurs von 1761 einen Besuch. ■ Baixada de la Llibreteria 7, Tel.

933152606, www.cereriasubira.net, Mo–Sa 9.30–13.30, 16–20 Uhr, Plan S. 39 c3

La Central del MUHBA Gut sortierte Buchhandlung mit allem rund ums Thema Stadt. ■ Baixada de la Llibreteria 7, Tel. 902884990, www.lacentral.com, Di–So 10–20.30 Uhr, Plan S. 39 c3

Kinder

Den Audio-Guide im **Museu d'Història de Barcelona** (S. 40) gibt es zwar nur auf Spanisch. Mit einem Aufzug, der durch Jahrhunderte fährt, macht das Museum aber auch Kindern Spaß.

18 Augustustempel

Römische Tempelruine auf dem höchsten Punkt des Mont Taber

■ Metro L4 Jaume I

■ C. del Paradis 10, Mo 10–14, Di–Sa 10–19, So 10–20 Uhr, Eintritt frei

Die vier korinthischen Säulen des Augustustempel auf dem Mont Taber liegen etwas versteckt im Hinterhof des Centre d'Excursionistes. Sie sind das einzige Relikt des Tempels, den die römischen Siedler wohl unter Tiberius (42 v. Chr.–37 n. Chr.) bauten. Die restlichen Teile des Gebäudes wurden in anderen Bauwerken verbaut.

19 Palau de la Generalitat

Prachtvolles Palais der katalanischen Regionalregierung

■ Metro L4 Jaume I

■ Pl. de Sant Jaume 4, www.president.cat, Führungen mit Voranmeldung am 2. und 4. Wochenende jedes Monats

Den Palast der katalanischen Regionalregierung ziert eine Statue des katalanischen Nationalheiligen St. Georg, auch an der Fassade zum Carrer del Bisbe findet sich ein Fries mit der Geschichte des berühmten Drachentöters. Das 1403 erbaute Gebäude diente im Hochmittelalter als Sitz einer frühen ständischen Vertretung. Vom Balkon rief Francesc Macià am 14. April 1931 die nur wenige Tage währende katalanische Republik aus. Der Goldene Saal und der Orangenhof können nur nach Voranmeldung besichtigt werden.

Restaurants

€€ | **Café de l'Academia** Solide katalanische Kost in gediegenem Ambiente. Besonders angenehm sitzt man auf der Terrasse vor der Kirche Sant Just i Pastor. ■ Pl. Sant Just/C. Lledó 1, Tel. 933198253, Mo–Fr 13.30–16, 20.30–23.30 Uhr

20 Casa de la Ciutat

Das klassizistische Rathaus birgt ein gotisches Kleinod

■ Metro L4 Jaume I

■ Pl. de Sant Jaume 1, Tel. 934027000, www.bcn.cat, So 10–13.30 Uhr, Eintritt frei

Im gotischen Ratssaal Saló de Cent von 1373 mit schönen Bogen und Holzbalken tagte eine der ältesten protodemokratischen Institutionen Europas. Sehenswert sind auch die gotische Treppe und das Foyer mit Skulpturen von Joan Llimona, Joan Miró und Josep Maria Subirachs. Ursprünglich zeigte die Hauptfassade auf den Carrer de la Ciutat, wo jetzt eine Tourismusinformation untergebracht ist.

ADAC Mittendrin

Seit über 200 Jahren bauen die Katalanen zu Volksfesten **»castells«**, bis zu 30 Meter hohe Menschentürme. Dabei steigen die Teilnehmer jeweils auf die Schultern ihrer Unterleute. Als vollendet gilt ein Turm, wenn die »enxeneta«, meist ein kleines Mädchen, bis nach oben klettert, den Arm hebt – und das »castell« danach ordnungsgemäß abgebaut wird. Das Bauen von »castells« ist Ausdruck der katalanischen Identität – und ein eigener Sport, für den das ganze Jahr über im Verein trainiert wird. Kostproben gibt es auf dem Stadtfest La Mercè im September, wenn die »colles« um den anspruchsvollsten Turm konkurrieren.

Sehenswert

Homenatge als Castellers

| Skulptur |

Die über 26 Meter hohe Edelstahlskulptur von Antoni Llena i Font von 2012 ist eine Hommage an die katalanischen Menschenburgenbauer. Die umeinander gewundenen Metallrohre sollen zugleich an Stärke und Fragilität der »castells« erinnern.

■ Pl. de Sant Miquel

Einkaufen

Anamorfosis Grammofone, Telefonapparate, Kaffeemühlen: Das gut sortierte Antiquitätengeschäft ist eine echte Fundgrube für Nostalgiker und Sammler. ■ Baixada Santa Eulàlia 4, Tel. 933012943, www.anamorfosis.es, Mo–Sa 11–14, 17–20.30, So 12–14.30, 16–20 Uhr

21 El Call

Das jüdische Viertel zählte zu den wichtigsten des mittelalterlichen Europas

■ Metro L3 Liceu, L4 Jaume I

Rings um den Carrer del Call und Banys Nous lag das jüdische Viertel mit Synagogen, Handwerksbetrieben, Läden und Bädern. Bis zum Pogrom 1391 und der Vertreibung 1424 hatte die jüdische Gemeinde großen Einfluss auf Handel und Wirtschaft. An einigen Häusern finden sich noch Spuren aus dieser Zeit, wie eine Tafel mit hebräischer Inschrift neben der alten Synagoge. Am Carrer del Call sind an Nr. 5 und 7 noch Reste der römischen Mauern

mit den darüber errichteten mittelalterlichen Häusern zu sehen. Heute haben sich hier Antiquitätenhändler und Modeboutiquen angesiedelt.

Sehenswert

Antigua Sinagoga Major de Barcelona

| Synagoge |

Das Gebäude, in dem sich die wohl im 6. Jahrhundert entstandene Synagoge befindet, wurde mehrfach umgebaut. Die Überreste des religiösen Riten vorbehaltenen kleinen Gewölbes befindet sich im Untergeschoss.

■ C. de Marlet 5, Tel. 933 17 07 90, www.sinagogamayor.com, Mo–Fr 10.30–18.30, So 10.30–15 Uhr

Centre d'Interpretació del Call

| Museum |

Das kleine Museum im Haus eines ehemaligen Seidenhändlers erklärt anhand archäologischer Fundstücke die Geschichte der Juden in Barcelona bis zum Pogrom von 1391.

■ Placeta de Manuel Ribé, Tel. 932 56 21 22, www.museuhistoria.bcn.cat/ca/muhba-el-call, Mi 11–14, Sa, So 11–19 Uhr

Cafés

6 **Caelum** In dem Café gibt es Spezialitäten aus Spaniens Frauenklöstern. Im Keller sitzt man zwischen den Überresten eines jüdischen Bads.

■ C. de la Palla 8, Tel. 933 02 69 93, www.caelumbarcelona.com, tgl. 10–20.30 Uhr

Einer der berühmten Menschentürme auf der Festa de la Mercè vor dem Rathaus

Aufwendig und verspielt dekorierter Saal des Palau de la Música Catalana

Einkaufen

7 **Sombrerería Obach** Das Familienunternehmen stattet seit drei Generationen Hutträger mit Kopfbedeckungen aus Kaninchenfilz oder Panamastroh aus. ■ C. del Call 2, Tel. 933184094, www.sombrereriaobach.es, Mo–Fr 10–14, 16–18, Sa 10–14, 16–20 Uhr

Erlebnisse

Sefarad al Palau Requesens Auf der abendlichen Führung durch den Call wird das jüdische Barcelona lebendig. Danach gibt es ein Festmahl mit jüdischen Spezialitäten im sonst nicht zugänglichen Palau Requesens. ■ Infos und Anmeldung unter www.sternalia.com, jeden 1. Sa im Monat (span./engl.), Treffpunkt 19.30 Uhr Palau Requesens, C. Bisbe Cassador 3, ab 65 €

22 Plaça Sant Felip Neri

Romantischer Altstadtplatz mit wechselvoller Geschichte

■ Metro L3, L4 Liceu, Jaume I

Mit Brunnen, Torbogen und schmucken Häusern wirkt der Platz wie reines Mittelalter. Tatsächlich rührt die heutige Form jedoch aus den 1950er-Jahren, als man die Zunfthäuser der Kesselschmiede und Schuster (mit dem geflügelten Markuslöwen) hierherversetzte. Seine besondere Atmosphäre lockt immer wieder Reisegruppen – nicht immer zur Freude der Anwohner. Damit die Kinder der ansässigen Schule in Ruhe spielen können, ist der Platz unter der Woche zwischen 10.30 und 11.30 Uhr gesperrt.

 Sehenswert

Sant Felip Neri
| Klosterkirche |
An der Fassade der zwischen 1721 und 1752 errichteten Klosterkirche sind noch Spuren eines Bombardements während des spanischen Bürgerkriegs (1936–1939) zu sehen. Beim Angriff der mit Franco verbündeten italienischen Luftwaffe kamen 42 Kinder und Erwachsene ums Leben. Die einschiffige Barockkirche mit neoklassizistischen Altären war die Lieblingskirche von Antoni Gaudí.
■ Pl. de Sant Felip Neri 5

23 Els Quatre Gats
Casa Martí

Das Modernisme-Wirtshaus war Treffpunkt der katalanischen Künstlerszene

■ Metro L1, L3 Catalunya
■ C. Montsió 3, Tel. 933 02 41 40, www.4gats.com, tgl. 9–24 Uhr

Das im Jahr 1897 eröffnete Lokal war Anfang des 20. Jahrhunderts ein Treffpunkt der katalanischen Künstlerszene. Hier kamen junge Bohemiens wie die Modernisme-Künstler Ramón Casas, Santiago Rusiñol und Miquel Utrillo zusammen; das Nachwuchstalent Pablo Picasso eröffnete dort 1900 seine erste, mäßig erfolgreiche Ausstellung. Der Name »Die vier Katzen« leitet sich vom Pariser Künstlercafé Le Chat Noir ab und gab auch einer Zeitschrift den Titel. Mit neogotischen Elementen und Referenzen an den Drachentöter Georg ist das Haus charakteristisch für den Modernisme-Stil des Architekten Josep Puig i Cadafalch (1867–1956).

24 Palau de la Música Catalana

 *Das Konzerthaus ist ein Meisterwerk des Modernisme*

■ Metro L1, L4 Urquinaona
■ C. Palau de la Múscia 4–6, Tel. 932 95 72 00, www.palaumusica.cat, tgl. 10–15.30 Uhr, Führung 20 € (16 € mit Online-Frühbucher-Rabatt)

Lluís Domènech i Montaner errichtete zwischen 1905 und 1908 auf einem relativ kleinen Grundstück im Auftrag des katalanischen Volkschors Orfeo Català ein Gesamtkunstwerk: Außen ist der Ziegelbau mit Keramikfliesen, Mo-

Im Blickpunkt

Hauptstadt der Avantgarde

Auch wenn Barcelona und Paris 1038 Kilometer trennen, zog es Kataloniens Künstler immer wieder in die französische Hauptstadt. Der von der streng klassischen Ausbildung an der Künstlerakademie Llotja wenig begeisterte Pablo Picasso entdeckte neue Strömungen wie den Fauvisme, Joan Miró konnte dort in den 1920er-Jahren seinen eigenen Stil entwickeln. Zurückgekehrt inspirierten sie die lokale Szene. Galeristen wie Josep Dalmau zeigten 1912 erstmals in Spanien kubistische Arbeiten, Kunstkritiker Sebastià Gasch veröffentlichte 1928 mit Salvador Dalí ein Avantgarde-Manifest. Der Ausbruch des Bürgerkriegs 1936 und der Exodus der intellektuellen Elite setzte dieser Blüte ein jähes Ende.

saiken und Säulen verziert. Die Skulpturengruppe an der Eckfassade stammt von Miquel Blay. Im opulenten Inneren ist besonders sehenswert der Konzertsaal mit der Hängekuppel aus Buntglas und dem Mosaikfries an der Bühne. Von 1982 bis 1989 erhielt das Konzerthaus einen modernen Anbau, der dem Original Respekt zollt.

Sehenswert

Cafeteria Foyer

| Architektur |

Prachtvolle Ouvertüre für einen musikalischen Abend

An der Bar im Foyergewölbe genießt man entspannt die architektonische Pracht ringsum. Dank der vorgespannten Glasfassade hat man zudem einen hübschen Blick auf die Terrasse.

■ C. Palau de la Música 4–6, tgl. 9–24 Uhr

Entspannen und genießen auf der Plaça Sant Pere

Kinder

Im Petit Palau gibt es tolle Kinderkonzerte. Infos zu den »conciertos familiares« an der Kasse oder auf der Website.

25 Plaça Sant Pere

Mittelalterflair im ehemaligen Handwerkerviertel

■ Metro L1, L4 Urquinaona, Arc de Triomf

Das den Platz dominierende ehemalige Benediktinerinnenkloster Sant Pere de les Puelles wurde 1147 geweiht, aber oft umgebaut. Von ihm aus nahm die Besiedlung der damals außerhalb der Stadt liegenden Gegend ihren Anfang.

Sehenswert

Carrer de les Basses de Sant Pere

| Straßenzug |

Wo früher das Wasser des Rec Comtal die Maschinen der Textilmanufakturen antrieb, haben sich heute Vintage-Läden und Galerien eingerichtet.

Plaça Sant Agustí Vell

| Platz |

Der von Handwerkerhäusern umgebene Platz mit einem Brunnen von Pere Falqués ist nach dem nahen Augustinerkloster benannt und einer der stimmungsvollsten des Viertels.

Restaurants

€€ | Joanet Die Tapas sind einfach, aber gut, und das Publikum besteht fast ausschließlich aus Einheimischen.

■ Pl. Sant Agustí Vell 6, Tel. 933199037, www.joanet.es, So–Mi 8.30–16, Fr–So 8.30–16, 19.30–23 Uhr

€€ | **Santagustina** Am Tresen und an den kleinen Tischen werden raffinierte Tapas serviert. ■ Pl. Sant Agustí Vell 9, Tel. 933 15 79 04, Mo–Sa 9–1, So 9–24 Uhr

26 Mercat de Santa Caterina

Gut sortierte Markthalle unter einem bunten, gewellten Dach

■ Metro L4, L1 Jaume I, Urquinaona
■ Av. de Francesc Cambó 16, www.mercatsantacaterina.com, Mo, Mi, Sa 7.30–15.30, Di, Do, Fr 7.30–20.30 Uhr

Das vom barcelonesischen Architektenpaar Enric Miralles und Benedetta Tagliabue konzipierte, bunt gescheckte Dach in Wellenform soll an ein Meer aus Obst und Gemüse erinnern. Die 1848 eröffnete Markthalle ist die älteste der Stadt. Sie befindet sich auf dem Grundstück des ehemaligen Klosters Santa Caterina, dessen Apsis bei Umbauten freigelegt wurde.

Sehenswert

Capella d'en Marcús
| Kapelle |
Die romanische Kapelle war Teil des von Bernat Marcús gestifteten Herbergskomplexes und ist der Jungfrau der Reisenden gewidmet.
■ Placeta d'En Marcús 1, Tel. 933 10 23 90

Casa dels Entremesos
| Kulturzentrum |
Das Kulturzentrum hat sich der Förderung und Bewahrung katalanischen Brauchtums verschrieben und zeigt u. a. die gigantischen Pappmascheefiguren und Feuerdrachen, die während der Volksfeste durch die Straßen der Stadt getragen werden. Macht auch Kindern viel Spaß.
■ Pl. de les Beates 2, Tel. 932 68 35 31, www.lacasadelsentremesos.cat, Di–Sa 10–13, 16–19, So 11–14 Uhr

ADAC Mittendrin

Wenn Ihnen bei einem Volksfest eine Horde wild hüpfender Feuerteufel oder Feuer spuckender Pappmascheedrachen begegnet, flüchten Sie nicht ins Hotel, sondern tanzen Sie hinterher: Die Katalanen lassen es bei ihren Festen gern krachen, da gehören die **»colles de diables«** einfach dazu. Die funkensprühenden Räder werden (meist) so hoch über den Köpfen geschwungen, dass sie keinen Schaden anrichten. Ebenso wie die großen Pappmascheefiguren Gegants geht der Brauch auf die Corpus-Christi-Prozessionen im 14. Jahrhundert zurück.

Restaurants

€ | **Bar Joan** In der Bar im Mercat de Santa Caterina wird gute katalanische Hausmannskost serviert – nur aus frischen Zutaten. Authentisches Ambiente. ■ Eingang C. d'en Giralt el Pellisser 2, Stand 108–110, Tel. 933 10 61 60, Mo–Sa 7.30–15.30 Uhr (Fr bis 20 Uhr)

Erlebnisse

Bcnkitchen Während des vierstündigen Workshops (auf Englisch) besuchen die Teilnehmer den Markt und kochen danach ein komplettes Menü, Paella und Crema Catalana inklusive. ■ C. de la Fusina 15, Tel. 932 68 12 53, www.bcnkitchen.com

Am Abend

Nicht nur tagsüber, auch abends sind die Viertel Sant Pere und Santa Caterina ein ideales Quartier für Flaneure und Kneipenbummler. Die individuell gestalteten Bars und Cafés locken ein bunt gemischtes Publikum an. An manchem Tresen sitzt das ältere Paar aus dem Nachbarhaus neben Erasmus-Studenten aus Lüneburg. Auf lauschigen Plätzen wie am Carrer d'Allada Vermell oder an der Plaça Sant Pere lässt sich entspannt das Treiben beobachten – zumindest bis die Wirte um Mitternacht (am Wochenende um 1 Uhr) die Stühle hochstellen.

Konzerte

Palau de la Música Catalana Ein eigenes Ensemble hat das Konzerthaus zwar nicht, doch das Programm kann sich sehen lassen. Im großen Saal treten internationale Opernstars, Symphonieorchester, Jazz- und Folkloremusiker auf. Im kleinen Saal finden wegen der exzellenten Akustik Kammermusik- und Klavierkonzerte statt. ■ C. Palau de la Música 4–6, Metro L1, L4 Urquinaona, Tel. 932957200, www.palaumusica.cat

Convent de Sant Agustí Das Kulturzentrum im ehemaligen Augustinerkloster bietet sehenswerte Konzerte und Tanzperformances, häufig mit experimentellem Einschlag. ■ C. Comerç 36, Metro L1 Arc del Triomf, Tel. 932565000, www.conventagusti.com

Kneipen, Bars und Clubs

Casa Lolea Sympathische Tapas-Bar für einen Wermut zwischendurch oder ein Gläschen Wein am Abend. Sogar die hauseigene Sangría schmeckt – was nicht selbstverständlich ist. ■ Sant Pere Mès Alt 49, Metro L1, L4 Urquinaona, Tel. 936241016, www.casalolea.com, tgl. 9–1 Uhr

Casa Paco Die gute Lage am platzartigen Carrer d'Allada Vermell macht die Bar abends zu einem beliebten Treffpunkt. Für die musikalische Untermalung sorgen Straßenmusiker. ■ C. d'Allada Vermell 10, Metro L4 Jaume I, Tel. 932955118, tgl. 9.30–1 Uhr

Ale&Hop Bierliebhaber kommen hier garantiert auf ihre Kosten. Die Macher haben sich auf handwerklich gebraute Biere spezialisiert und bieten auch eine kleine Auswahl naturbelassener Weine und Cava. Dazu gibt es vegane Küche und entspanntes Ambiente. ■ C. Basses de St Pere 10 bis, Metro L1 Arc de Triomf, Tel. 931269094, www.aleandhop.com, tgl. 17–1.30 Uhr

The Lime House Die Mojitos gelten als die besten der Stadt. Ebenso beeindruckend: die Auswahl an Gins mit ungewöhnlichen Aromen wie Grapefruit, Chili oder geröstetes Lamm. ■ C. dels Carders 31, Metro L4 Jaume I, Tel. 647737707, tgl. 19.30–2.30 Uhr

Pura Vida Cocktails Die Barkeeper begrüßen die Gäste mit einem Lächeln und mixen großartige Cocktails. Karibisch inspirierte Speisekarte. ■ C. Mercaders 20, Metro L1, L4 Urquinaona, Tel. 603726904, www.puravidacocktailsbarcelona.com, Do–Di 19–24 Uhr (Fr, Sa bis 1 Uhr)

Übernachten

Ein paar wenige größere Hotels finden sich vor allem entlang der Via Laietana; in den Altstadtgassen rechts und links der Verkehrsader wohnen Besucher in kleineren, persönlicheren Häusern. Besonders reizvoll sind die in modern designte Unterkünfte umgewandelten mittelalterlichen Paläste oder Bürgerhäuser. Das historische Ambiente und die zentrale Lage haben ihren Preis. Die Kosten sind im Durchschnitt etwas höher als anderswo.

€

El Jardí Familiengeführtes, sauberes Hotel mit kleinen, zweckmäßigen Zimmern. Tolle Lage direkt an der Basilika Santa María del Pi. ■ Pl. de Sant Josep Oriol 1, Tel. 933 01 59 00, www.eljardi-barcelona.com

Pensió 2000 Sympathische und zentral gelegene Sieben-Zimmer-Pension nahe des Palau de la Música mit rührigen Besitzern. In dem kleinen Patio kommt man mit anderen Gästen ins Gespräch. ■ C. de Sant Pere Més Alt 6, Tel. 933 10 74 66, www.pensio2000.com

€€

Musik Boutique Hotel Charmantes Boutique-Hotel in einem hübschen, sgraffitiverzierten Handwerkerhaus. Die modern eingerichteten Zimmer sind – auch zur Straße hinaus – ruhig. Hauseigener Fahrradverleih. ■ Sant Pere Mes Baix 62, Tel. 932 22 55 44, www.musikboutiquehotel.com

Catalonia Born Hotel Das im ehemaligen Wohnhaus eines Textilfabrikanten untergebrachte Hotel hat einen hübschen Innenhof mit Glasdach und einen kleinen Pool auf dem Dach. Zuvorkommender, freundlicher Service. ■ Rec Comtal 16–18, Tel. 932 68 86 00, www.hoteles-catalonia.com

(10) **We Boutique Hotel** Liebenswürdige B & B-Unterkunft in schön renovierter Eixample-Wohnung mit sechs Zimmern. Der Mix aus antiken Möbeln, Designstücken und original erhaltenen Keramikfußböden sorgt für eine persönliche Note. ■ Rda. Sant Pere 70, Tel. 932 50 39 91, www.weboutiquehotel.com

Hotel Ciutat de Barcelona Zentral gelegenes Hotel mit gutem Preis-Leistungs-Verhältnis und recht geräumigen, modern eingerichteten Zimmern. Auch Familienzimmer. ■ C. de la Princesa 33–35, Tel. 932 69 74 75, www.ciutatbarcelona.com

€€€

Grand Hotel Central Die geräumigen Zimmer bestechen durch intelligente Raumaufteilung und edle Naturmaterialien. Der Clou des 147-Zimmer-Hotels ist der Infinity-Pool auf dem Dach. ■ Via Laietana 30, Tel. 932 95 79 00, www.grandhotelcentral.com

Hotel Ohla Die ungewöhnliche Hinterfassade hat dem Hotel den Spitznamen »Haus der tausend Augen« eingebracht. Das Design ist modern, aber zurückhaltend und bis ins Detail durchdacht. Tolle Dachterrasse mit Pool. ■ Via Laietana 49, Tel. 933 41 50 50, www.ohlabarcelona.com

Stadt am Meer – den Strand entlang

Der privilegierten Lage am Mittelmeer verdankt die Hafen- und Handelsstadt Ruhm und Reichtum – heute ebenso wie damals

Die prächtigen Bauten in Barcelonas Hafenviertel La Ribera künden vom Reichtum, den sich die Hafen- und Handelsstadt im Mittelalter erworben hatte. Dennoch lebte Barcelona jahrhundertelang mit dem Rücken zum Meer. Erst durch die Umbauarbeiten für die Olympischen Spiele 1992 hat sich die Stadt zum Wasser geöffnet – und sich einen 4,5 Kilometer langen Strand inklusive Promenade geschenkt. Heute begeistert die Barceloneta Besucher und Bewohner gleichermaßen.

In diesem Kapitel:

ADAC Top Tipps:

4 **Santa María del Mar**
| Kirche |
Die Lieblingskathedrale der Barceloner zeugt von der Bedeutung, die die Hafenstadt im Mittelalter hatte. Finanziert wurde das Meisterwerk der katalanischen Gotik von Händlern, Seeleuten und Hafenarbeitern. 54

5 **Museu Picasso**
| Museum |
Die umfangreiche Sammlung zeigt den Werdegang von Pablo Picasso vom akademischen Ausnahmetalent zum einflussreichsten Künstler des 20. Jahrhunderts – und ist in fünf gotischen Palästen untergebracht. Allein sie lohnen den Besuch. 56

Strand La Barceloneta
| Strand |

Auf der Promenade zeigen Inlineskater ihr Können, am Strand toben Kinder, und in den »xiringuitos« prosten sich im Abendlicht verliebte Paare zu: ein perfekter Strandtag mitten in der Großstadt. 67

ADAC Empfehlungen:

11 Museu Marítim
| Museum |

Sehenswertes Schifffahrtsmuseum in der größten erhaltenen mittelalterlichen Werft. 52

12 Sailing Experience
| Hafenrundfahrt |

Der Perspektivwechsel lohnt: Vom Wasser aus ist die Silhouette Barcelonas noch mal so schön. 53

13 Casa Gispert
| Feinkostgeschäft |

Entzückender, 150 Jahre alter Kolonialwarenladen, in dem es verführerisch nach Kaffee und im hauseigenen Ofen gedörrten Aprikosen und Pflaumen duftet. 56

14 Vila Viniteca
| Weinhandlung |

Egal, ob bei den Schinken- und Käsedegustationen oder bei der Suche nach einem ganz speziellen Tropfen (Wein, Sherry oder Cava): In der Weinhandlung wird man bestens beraten. 56

15 Can Ramonet
| Restaurant |

Im Traditionslokal an der Barceloneta haben schon Generationen von Barceloneta-Bewohnern ihre Feste gefeiert. 68

16 Platja Bogatell
| Strand |

Familiärer und weniger überlaufen als die Strände rings um das Viertel Barceloneta, erlebt man hier authentisches Strandleben. 70

17 Flamenco-Spektakel im Espai Barroc
| Tanzvorführung |

Die Darbietung ist künstlerisch einwandfrei, das Ambiente im herrschaftlichen Palau Dalmases bezaubernd. 72

27 Museu Marítim

Schifffahrtsmuseum in einer mittelalterlichen Werft

■ Metro L3 Drassanes
■ Av. de les Drassanes, Tel. 933 42 99 20, www.mmb.cat, tgl. 10–20 Uhr, 10 €

Unter den eindrucksvollen Bogen der Werft sind archäologische Fundstücke und historische Schiffe ausgestellt. Besonders sehenswert: die Replik der »Real«, mit der Don Juan de Austria in der Seeschlacht von Lepanto die Osmanen besiegte. Interaktive Installationen führen in die Welt der Seefahrer.

Sehenswert

Pailebot Santa Eulàlia
| Museumsschiff |
Der Gaffelschoner überquerte in den 1920er-Jahren zweimal den Atlantik und ist Bestandteil des Museums.
■ Moll de la Fusta (Alsina i Bosch), Tel. 933 42 99 20, www.mmb.cat, Einzeleintritt (ohne Museum) 3 €

Kinder

Sonntags lädt das Museu Marítim zu Bastelstunden, virtuellen Unterwasserreisen und anderen Workshops für Kinder ab 3 Jahren ein.

28 Mirador de Colom

Die Kolumbusstatue ist ein Relikt der Weltausstellung von 1888

■ Metro L3 Drassanes
■ Pl. del Portal de la Pau, www.barcelonaturisme.com, Nov.–Feb. tgl. 8.30–19.30, März–Okt. tgl. 8.30–20.30 Uhr, 5,40 €

Die bronzene Kolumbusstatue auf der 60 Meter hohen Säule deutet metaphorisch aufs Meer. Als Aussichtspunkt ist das für die Weltausstellung im Jahr 1888 errichtete Monument wegen der relativ kleinen Fenster nur bedingt geeignet. Im Sockel finden sich Bronzereliefs mit Szenen aus dem Leben von Christoph Kolumbus, die vier Skulpturengruppen ringsum zeigen Katalanen, die an seiner Amerika-Fahrt mitwirkten.

29 Port Vell

Am alten Hafen präsentiert sich Barcelona von seiner maritimen Seite

■ Metro L1, L4 Drassanes, Barceloneta
■ Moll de Drassanes/Moll de Bosch i Alsina

Auf der palmenbestandenen Promenade trainieren Jogger, gegenüber lassen Touristen auf den Rasenflächen der Hafenmole die Seele baumeln: Der anlässlich der Olympischen Spiele 1992 umgestaltete alte Hafen ist aus dem Stadtbild nicht mehr wegzudenken. Befestigt wurde der Kai im 15. Jahrhundert. Heute ankern hier ausschließlich Segelboote und Jachten. Die Barceloner sprechen dennoch vom Moll de la Fusta – nach dem Namen des einstigen Umschlagplatzes für Holz. Am nördlichen Ende der Promenade erinnert eine bunte Pop-Art-Skulptur von Roy Lichtenstein an den optimistischen Olympia-Esprit. Die Riesengarnele daneben stammt von Barcelonas Vorzeigedesigner Javier Mariscal (* 1950) und warb früher für ein Restaurant.

Sehenswert

Rambla del Mar
| Brücke |

Der geschwungene Holzsteg mit den stilisierten Wellen verbindet die Stadt mit der Hafenmole. Die von Albert Viaplana und Helio Piñón konzipierte Brücke ist eines der Embleme des olympischen Barcelonas und wird immer zur vollen Stunde hochgeklappt, damit Schiffe passieren können. Die Aussicht von der Brücke ist umwerfend.
■ Moll de Drassanes/Moll de Bosch i Alsina, www.portvellbcn.com

Parken

An der Kolumbusstatue gibt es eine videoüberwachte Tiefgarage. ■ Pg. de Colom 1, Tel. 932 215 015, www.aparcamentsbsm.cat.

Im nördlichen Hafenbereich befindet sich ein für Kleinbusse tauglicher Parkplatz. ■ C. de l'Ictinio, Tel. 617 48 45 05, www.aparcamentsbsm.cat

Einkaufen

Mercat de Brocanteria Am Wochenende verkaufen Antiquitätenhändler rund ums alte Zollhaus Münzen, Mineralien und historisches Spielzeug. ■ Pl. del Portal de la Pau, Tel. 932 46 65 91, www.portvellbcn.com, 10–20 Uhr

Maremagnum Einkaufszentrum mit Filialen großer spanischer und internationaler Modemarken. ■ Moll d'Espanya 5, www.maremagnum.es, tgl. 10–22 Uhr

Erlebnisse

12 **Sailing Experience** Mit erfahrenen Skippern segelt man auf einer Zwölf-Meter-Jacht entlang der Skyline. Länge und Route sind variabel. ■ Moll de Barcelona 1, Tel. 722 64 51 72, www.sailingexperiencebcn.com

Golondrines Die »Schwalben« genannten, doppelstöckigen Ausflugs-

Christoph Kolumbus weist auf einer 60 Meter hohen Säule mit seinem Arm gen Meer

boote stechen stündlich in See und schippern durchs Hafengelände oder auf dem offenen Meer die Strände entlang. ■ Moll de Drassanes, Tel. 934 42 31 06, www.lasgolondrinas.com

Kinder

Aquarium Mit einem 80 Meter langen Haifischtunnel und nach Habitaten geordneten Riesenbecken ist das Aquarium eine gute, aber etwas teure Schlechtwetteralternative. ■ Moll d'Espanya del Port Vell, Tel. 932 21 74 74, www.aquarium bcn.com, Erw. und Kinder ab 11 Jahre 21 €, Kinder 5–10 Jahre 16 €, 3–4 Jahre 8 €

Im Blickpunkt

(Un-)Heilige Konkurrenz: Eulàli versus Mercè

Der Legende nach rettete »La Mercè«, die Jungfrau der Barmherzigkeit, Barcelona im Jahr 1687 vor einer Heuschreckenplage. Aus Dankbarkeit versprach der Stadtrat, die Jungfrau zur Patronin zu machen. Doch nach der Genehmigung des Antrags 1868 (päpstliche Mühlen mahlen langsam) stürmten Anhänger der bisherigen Patronin, der Märtyrerin Eulàlia, die Kirche und bewarfen die Stadtoberen mit Steinen. Man einigte sich auf einen Kompromiss – und feierte alle beide. Mit Konzerten, Umzügen und Feuerwerk ist das mehrtägige Fest zu Ehren der Mercè allerdings sehr viel populärer als die Eulàlia-Feiern. Die Rache der geschassten Heiligen: Rund um den 24. September, zur Festa de la Mercè, regnet es verdächtig oft.

30 Basílica de la Mercè

Barockbasilika der Schutzpatronin Barcelonas

■ Metro L3 Liceu
■ C. de la Mercè 1, www.basilicadelamerce.cat, Führungen Mi 13 Uhr, 8 € (www.riostabarcelona.com)

Die 1765 von Josep Mas i Dordal erbaute Kirche birgt das Bildnis der Jungfrau der Barmherzigkeit und gehört zu den wenigen Barockgebäuden Barcelonas. Ganzer Stolz ist die von Gerhard Grenzing gebaute Orgel mit 3000 Pfeifen und 40 Registern. Das Original der weithin sichtbaren Marienstatue auf der Kuppel wurde im Bürgerkrieg zur Waffenproduktion eingeschmolzen.

Restaurants

€€–€€€ | **Bar La Plata** Frittierte Sardinen, dazu Wein und Wermut vom Fass: Damit ist die Bar seit 1945 erfolgreich. ■ C. de la Mercè 28, Tel. 933 15 10 09, Mo–Sa 10–15.15, 18.15–23 Uhr

Kinder

Papa Bubble Hier kann man Bonbonmachern bei der Arbeit zusehen und die bunten Leckereien auch kaufen. ■ C. Ample 28, Tel. 932 68 86 25, www.papabubble.com, Mo–Fr 10–14, 16–20.30, Sa 10–20.30 Uhr

31 Santa María del Mar

Die Kathedrale der Seeleute ist ein Meisterwerk katalanischer Gotik

Santa María del Mar ist ein herausragendes Beispiel katalanischer Gotik

■ Metro L4 Jaume I
■ Pl. Santa María 1, www.santamariadelmarbarcelona.org, Mo–Sa 13–17, So 14–17 Uhr, 5 € (mit Führung 10 €), vormittags stille Besichtigung möglich

Unter Jaume I. eroberte die Krone von Aragón weite Teile des Mittelmeers. Im 13./14. Jahrhundert umfasste ihr Herrschaftsgebiet die Balearen, Sizilien und Sardinien. Dabei war der Seehandel ein wichtiges Instrument. In allen großen Mittelmeerhäfen hatten katalanische Kaufleute Kontore. Der Handel mit Wolle, Safran, Seide und Wachs machte Barcelona und seine Bürger reich, und sie finanzierten daraufhin Santa María del Mar. Von außen wirkt die Basilika mit ihrer schlichten Fassade fast trutzig, innen überrascht die lichte Weite des dreischiffigen Innenraums: Die zwischen 1329 und 1383 erbaute Kirche ist ein Musterbeispiel katalanischer Gotik. Die kunstvoll gestalteten Glasfenster stammen teils aus dem 15. Jahrhundert, teils aus der Gegenwart.

Sehenswert

Fossar de les Moreres

| Mahnmal |

Die ewige Flamme auf dem Vorplatz erinnert an die 1714 im Spanischen Erbfolgekrieg während der Verteidigung Barcelonas Gefallenen. Eine der wichtigsten Gedenkstätten katalanischen Nationalbewusstseins.

■ Pl. del Fossar de les Moreres

Restaurants

€ | **El Xampanyet** Populärer Klassiker. Zum Schaumwein gibt's Anchovis, Oliven und uriges Ambiente. ■ C. de Mont-

cada 22, Tel. 933197003, www.elxampanyet.com, Di–Sa 12–15.30, 19–23 Uhr

€€ | **Euskal Etxea** Am Tresen gibt es »pintxos«, auf Brot gespießte baskische Köstlichkeiten, im Speisesaal auch Tellergerichte. Gute Weinauswahl. ■ Pl. Montcada 1–3, Tel. 933102185, www.euskaletxeataberna.com, tgl. 10–0.30 Uhr

Einkaufen

13 **Casa Gispert** Mit einem Dörrofen von 1851 und Gewürz- und Nussspezialitäten entzückt der Kolonialwarenladen Gourmets und Nostalgiker gleichermaßen. ■ C. de les Sombreres 23, Tel. 933197535, www.casagispert.com, Mo–Sa 10–20.30 Uhr

14 **Vila Viniteca** Bei über 6000 Wein-, Sherry- und Cava-Positionen bleibt kein Wunsch offen. Gute Beratung und Verkostungen. ■ C. dels Agullers 7, Tel. 937777017, www.vilaviniteca.es, Mo–Sa 8.30–20.30 Uhr

32 Museu Etnològic i de Cultures del Món

Ethnologische Exponate in zwei gotischen Stadtpalästen

■ Metro L4 Jaume I

■ C. Montcada 12–14, Tel. 932562300, museuculturesmon.bcn.cat, Di–Sa 10–19, So 10–20 Uhr, 5 €, erm. 3,50 €

In zwei gotischen Palästen (Palau Nadal und Palau del Marqiès de Llió) zeigt das Museum Artefakte aus den außereuropäischen Kulturregionen Afrika, Amerika, Asien und Ozeanien von der Ahnenfigur aus Papua-Neuguinea bis zu japanischer Kalligrafie. In Wechselausstellungen werden Kolonialgeschichte und Erinnerungspolitik beleuchtet.

33 Museu Picasso

Picassos Frühwerk in gotischen Stadtpalästen

■ Metro L4 Jaume I

■ C. Montcada 15–23, Tel. 932563000, www.museupicasso.bcn.cat, Mo 10–17, Di–So 9–20.30, Do 9–21.30 Uhr, 12 € (mit Sonderausstellung 14 €, unter 18 Jahre Eintritt frei, Do ab 18 und jeder 1. So im Monat 9–19 Uhr kostenlos, immer vorab online reservieren)

Auch wenn Pablo Picasso nur wenige Jahre in Barcelona lebte, fühlte er sich der Stadt doch sehr verbunden, auch im französischen Exil während der Franco-Diktatur. Auf Initiative seines Sekretärs Jaume Sabartés wurde hier 1963 das erste Picasso-Museum eröffnet. Schwerpunkt der sich inzwischen über fünf Paläste erstreckenden Sammlung sind die Entwicklungsjahre Picassos sowie seine Blaue und Rosa Periode. Zu den bedeutendsten Werken des Museums zählen der »Arlequin« (1917) und die Variationen zu Velázquez' »Las Meninas« (1957) sowie die ausdrucksstarken, verspielten Keramikarbeiten aus der Sammlung seiner Witwe Jacqueline Roque. Der Museumsbestand wird laufend erweitert: Fotoreihen erlauben Einblicke in Picassos Leben, von ihm erstellte Druckerplatten in seine Arbeitsweise. Die lohnenswerten Sonderausstellungen widmen sich Einzelaspekten seines Schaffens.

34 Museu Europeu d'Art Modern

Zeitgenössische Kunst im Renaissance-Palast

Das von einer privaten Stiftung betriebene MEAM hat sich ganz dem Figurativen verschrieben und zeigt in den herrschaftlichen Renaissance-Sälen des wunderbar renovierten Palau Gomis auf 1700 Quadratmetern moderne Gemälde, Fotografien und Skulpturen internationaler Künstler des 20. und 21. Jahrhunderts.

■ Metro L4 Jaume I

■ C. Barra de Ferro 5, Tel. 933 19 56 93, www.meam.es, Di–So 11–19 Uhr, 9 €

35 El Born Centre de Cultura i Memòria

Gedenkstätte katalanischen Nationalbewusstseins

■ Metro L1, L4 Arc de Triomf

■ Pl. Comercial 12, Tel. 932 56 68 51, http://elbornculturaimemoria.barcelona.cat, Di–So 10–20 Uhr, Eintritt frei

Unter dem Dach der gusseisernen Markthalle aus dem Jahr 1876 befinden sich die Ruinen des Ribera-Viertels, das Bourbonenherrscher Philipp V. nach der katalanischen Niederlage im Spanischen Erbfolgekrieg 1714 schleifen ließ. Auf dem Vorplatz kündet eine gigantische Fahne von Kataloniens auch durch diese Episode der Unterdrückung wach gehaltenem Nationalbewusstsein. Auf dem platzartigen Passeig del Born fanden im Mittelalter Reiterspiele statt.

Restaurants

€€–€€€ | Llamber Mit seiner Mischung aus Slow Food und katalanisch-asturianischer Haute Cuisine ist das Lokal das beste Haus am Platz. ■ C. de la Fusina 5, Tel. 933 19 62 50, www.llamber.com, tgl. 9–24 Uhr

Im Blickpunkt

»Visca Catalunya lliure!«

Das von Polizeigewalt überschattete, verfassungswidrige »Referendum« vom Oktober 2017 hat die katalanische Unabhängigkeitsbewegung in die internationalen Schlagzeilen gebracht. Auch wenn die darauffolgende Unabhängigkeitserklärung im Sand verlief, der geschasste Präsident Carles Puigdemont sich nach Brüssel absetzte und dem Rest seiner Regierung u. a. wegen Rebellion der Prozess gemacht wurde, wünscht sich laut Umfragen weiter etwa die Hälfte der Katalanen einen eigenen Staat. Dahinter steckt eine komplexe Mischung aus Stolz auf die eigene Sprache und Kultur, einem latenten Gefühl der Zurücksetzung durch den spanischen Staat und wirtschaftlicher Überlegenheit. Bei der »Diada«, dem katalanischen Nationalfeiertag, demonstriert die Bewegung jährlich ihre Mobilisierungskraft.

36 Parc de la Ciutadella

Der Schauplatz der Weltausstellung ist heute ein Park

Der Arc de Triomf wurde 1888 als Haupteingangstor zur Weltausstellung errichtet

 **Information**

■ Metro L1 Arc de Triomf,
Tram 4 Wellington

Bis 1878 stand auf dem 17 Hektar großen Areal die sternförmige Zitadelle, mit der die Bourbonen nach dem Spanischen Erbfolgekrieg die aufmüpfigen Katalanen in Schach hielten. Für den Bau der Stein gewordenen Drohgebärde wurden im benachbarten Viertel La Ribera 1200 Häuser abgerissen, darunter auch die Klöster Sant Agustí und Santa Clara. Die obdachlos gewordenen Bewohner sollten an der Barceloneta angesiedelt werden, wurden tatsächlich aber jahrzehntelang ihrem Schicksal überlassen. Kein Wunder, dass die Barceloner jubelten, als die Festung infolge der Revolution von 1868 – nach einem gescheiterten früheren Versuch – endlich abgerissen wurde. Auf dem Gelände legte Baumeister Josep Fontserè i Mestre (1829–1897) einen Park nach dem Vorbild des Pariser Jardin du Luxembourg an. Er sollte nicht nur der Erholung dienen, sondern mit naturwissenschaftlichen Museen und Wintergärten auch den Geist erbauen. Einige der von Fontserè errichteten Gebäude sind noch heute

Plan S. 61

erhalten. 1888 beherbergte der Park dann die vom Bürgermeister Francisco de Paula Rius i Taulet und einer Gruppe Unternehmer organisierte Weltausstellung, auf der 22 Länder ihre technischen und künstlerischen Errungenschaften präsentierten. Heute ist der Park eine ruhige Oase inmitten des quirligen Großstadtalltags. Großeltern füttern hier gemeinsam mit ihren Enkeln die Enten im Teich, auf den Wiesen picknicken pakistanische Großfamilien neben Gitarre spielenden Rucksacktouristen – und Straßenkünstler lassen riesige Seifenblasen in den Himmel steigen.

Sehenswert

a Arc de Triomf

| Baudenkmal |

Der von Josep Vilaseca i Casanovas im neomaurischen Stil errichtete Ziegelbau war Eingangstor der Weltausstellung. Der Frontfries zeigt das Relief »Barcelona empfängt die Nationen der Welt« von Josep Reynés, der Fries auf der Rückseite preist allegorisch den Nutzen und die Errungenschaften der Weltausstellung. Das 30 Meter hohe Baudenkmal ist einer der wenigen Triumphbögen, der nicht zum Gedenken an einen militärischen Sieg errichtet wurde. Der breite Boulevard dahinter ist am Wochenende ein beliebter Treffpunkt – und Übungsplatz von Skateboardfahrern. Das Denkmal am anderen Ende erinnert an Francisco Rius i Taulet, Bürgermeister und Mitorganisator der Weltausstellung.

■ Pg. de Lluis Companys

b Castell dels Tres Dragons

| Architektur |

Die »Burg der drei Drachen« mit vier wuchtigen zinnengekrönten Türmen war 1888 das Café-Restaurant für Besucher der Weltausstellung. Mit eisernem Tragwerk, Ziegelsteinfassade und Keramikfliesen ist das Gebäude charakteristisch für den damaligen Stil: Die Modernisme-Architekten experimentierten mit neuen Materialien und Bautechniken. Konzipiert hat das Gebäude Lluís Domènech i Montaner, der auch den Palau de la Música Catalana (S. 45) entwarf.

■ Parc de la Ciutadella (Pg. dels Til·lers)

Entspannen vor der luftigen Konstruktion des Hivernacle

c Hivernacle, Museu Martorell, Umbracle

| Architektur |

Die beiden von Josep Amargós ab 1883 erbauten Gewächshäuser und das bereits 1878 eröffnete Museu Martorell von Antoni Rovira i Trias waren das Herzstück des geplanten naturwissenschaftlichen Parks: Das lichte Hivernacle schützte Farne und tropische Pflanzen vor dem kühlen Winter, hinter den Lamellen der Holz- und Backsteinkonstruktion Umbracle entfalten riesige Farne und Bananenstauden ihre Blätter. Das zwischen beiden gelegene, 1882 eröffnete Museu Martorell beherbergte das geologische Museum. Seit der Umsiedlung der naturwissenschaftlichen Sammlungen ins Forum wird das Museu Martorell als Verwaltungssitz genutzt. Die beiden etwas vernachlässigten Gewächshäuser harren einer Restaurierung und neuen Nutzung. Das Umbracle öffnet vormittags zu unregelmäßigen Zeiten.

■ Parc de la Ciutadella (Pg. dels Til·lers)

Zoo de Barcelona

| Tierpark |

Copito de Nieve, der berühmte Albino-Gorilla, hat zwar längst das Zeitliche gesegnet, ist als Wahrzeichen im Zoo aber immer noch präsent. Einer der Schwerpunkte des 1892 eröffneten Tierparks sind Primaten wie Gorillas, Schimpansen und Lemuren, bekannt sind auch die Riesenechsen. Derzeit leben etwa 4200 Tiere aus 430 verschiedenen Arten im Zoo. Das Verbot der Reproduktion von nicht vom Aussterben bedrohten Tieren hat 2019 das Ende des Zoos eingeläutet.

■ Parc de la Ciutadella, Tel. 902 45 75 45, www.zoobarcelona.cat, Erw. 21,40 €, Kinder 3–11 Jahre 12,95 €

Parlament de Catalunya

| Regierungsgebäude |

Der wuchtige zweigeschossige Bau war Teil der von Philipp V. errichteten Zitadelle und diente als Waffenarsenal. Erbaut wurde er zwischen 1716 und 1748 unter der Leitung des flämischen Militäringenieurs George Prosper Verboom. Dass in dem Sinnbild der einstigen Unterdrückung durch die Bourbonen seit 1932 (mit einer langen Unterbrechung durch die Franco-Diktatur) das katalanische Parlament tagt, hat für die Katalanen große symbolische Bedeutung.

Gegenüber der Plaça de Joan Fiveller mit der anrührenden Skulptur »El Desconsòl« (»Betrübnis«) von Josep Llimona i Bruguera befinden sich der heute als Schule genutzte ehemalige

Palast des Gouverneurs, ebenfalls ein Überbleibsel aus der Zitadellenzeit, sowie eine ehemalige Militärkapelle.

■ Parc de la Ciutadella, Tel. 933 04 65 00, www.parlament.cat, Führungen auf Anfrage

f Cascada Monumental

| Brunnen |

Die von Josep Fontserè i Mestre entworfene Anlage ist Springbrunnen, Monument und Aussichtspunkt zugleich: Über die Seitentreppen kann man bis zum von einer vergoldeten Quadriga gekrönten Bogen spazieren. Am 1875 begonnenen Bau war auch der junge Antoni Gaudí beteiligt. Er konzipierte die Wasserläufe und die Grotte an der Rückseite. Die beeindruckende Akustik lockt zuweilen den ein oder anderen Hobbymusiker an. Inspirationsquelle des monumentalen Werks war die Welt der griechischen und römischen Mythen. An den Treppen und rings um das Becken finden sich geflügelte Faune, Venus- und Poseidonfiguren sowie eine Darstellung von Leda mit dem Schwan. In dem kleinen, einer hier ermordeten Transsexuellen gewidmeten Pavillon auf dem Vorplatz wird am Wochenende zu Swingmelodien oder Salsarhythmen getanzt.

g Dipòsit de les Aigües

| Baudenkmal |

An den Straßenbahngleisen außerhalb des Parks befindet sich das Wasserreservoir, das den Brunnen einst versorgte: Das 1888 vom Brunnenbaumeister Josep Fontserè errichtete, imposante Backsteingebäude wird heute als Bibliothek genutzt. Durch die Fenster können Sie einen Blick in das architektonische Kleinod werfen. Mit seinen sich wiederholenden Bogengängen wirkt das Innere wie ein Spiegelkabinett. Architektonisches Vorbild sind die römischen Bäder im italienischen Bacoli.

■ C. de Ramon Trias Fargas 25–27, Tel. 935 42 17 09, www.upf.edu

P Parken

Am Passeig Lluis Companys befindet sich beim Arc de Triomf eine videoüberwachte Tiefgarage mit Aufladestation für Elektrofahrzeuge. ■ Pg. Lluis Companys, Tel. 902 28 30 80, www.saba.es, Plan S. 61 a2

An der Westseite liegt nahe des Seiteneingangs des Zoos ein überirdischer Parkplatz. ■ C. de Ramon Trias Fargas, Tel. 934 09 20 21, www.aparcamentsbsm.cat, Plan S. 61 b3

36a – 36g Parc de la Ciutadella

Plan S. 61

Nebenan im Park steht dieser urige Vorfahr der Zoobewohner

Restaurants

€ | Café Menssana Auf den im Recycling-Chic zusammengezimmerten Tischen werden leckere und gesunde Gerichte serviert, teils in Bio-Qualität. Beliebt bei Studenten der benachbarten Uni, nicht nur wegen des guten Kaffees. ■ C. Sardenya 48, Tel. 936 24 35 05, www.cafemenssana.com, tgl. 9.30–23.30 Uhr, Plan S. 61 b3

€ | La Querida Gegenüber dem Stadtpark werden gute Mittagsmenüs und Tapas serviert. Besonders schön sitzt man auf der Terrasse im Freien. ■ Pg. de Pujades 33, Tel. 936 63 97 33, tgl. 7.30–24 Uhr, Plan S. 61 b2

€€ | La Forchetta Klassisches italienisches Restaurant mit einer kleinen Terrasse. Die Pizzas kommen aus dem Steinofen. Perfekter Service. ■ Av. Meridiana 2, Tel. 933 28 58 96, tgl. 12–16, 20–24 Uhr, Plan S. 61 b2

Kinder

Für Kinder gibt es im **Zoo** (S. 60) eine Farm mit Streichelgehege und einen großen Abenteuerspielplatz mit Seilrutschen. Das lebensgroße, vom Geologen Norbert Font 1910 gestiftete Mammut nahe der **Cascada Monumental** (S. 61) ist ein beliebtes Fotomotiv – und Klettergerüst: Wo sonst gibt es auch ein Urviech, auf dessen Rüssel man Platz nehmen kann?

Events

Festa de la Mercè Die Festa de la Mercè zu Ehren der Stadtpatronin ist das größte und bunteste Fest im Festivalkalender Barcelonas und ein Höhepunkt der jährlichen Veranstaltungen der Stadt. Der populäre Stadtpark ist Epizentrum des mehrtägigen Fests mit mehr als 500 Veranstaltungen. Rund

um den 24. September werden im Park Bühnen für diverse Musik-, Tanz- und Theaterspektakel aufgebaut. Auf den Plätzen zeigen renommierte Straßenkünstler ihr Können – meist aus einer Partnerstadt. Fantasievolle Fahrgeschäfte verzaubern Klein und Groß. ■ 24. Sep., v.a. rund um den Stadtpark, www.barcelona.cat

37 Museu d'Història de Catalunya

Geschichtsmuseum in einer historischen Lagerhalle

■ Metro L4 Barceloneta
■ Pl. de Pau Vila 3, Tel. 932254244, www.mhcat.net, Di–Sa 10–19, Mi 10–20, So 10–14.30 Uhr, 6,50 € (inkl. Wechselausstellung)

Das im Palau de Mar, dem einzigen noch erhaltenen Hafenkontor, untergebrachte Museum zeichnet sich durch eine anschauliche Aufbereitung aus: Anhand einzelner Objekte, wie einem Plakat von Joan Miró oder dem Sterbekissen von Peter III., wird die Geschichte Kataloniens von der Steinzeit bis heute erzählt. Wer wissen will, warum sich Katalonien vom Rest Spaniens unterscheidet, ist hier richtig. Zum Abschluss auf die Terrasse und den Blick über den Hafen genießen!

Restaurants

€ | Can Paixano (La Xampanyeria) Wenn sich in der kleinen Bar die Gäste drängen, werden die Cava-Schalen einfach vom Tresen nach hinten gereicht. Zum hauseigenen Schaumwein gibt's Käse und gebratene »chorizo«. Günstig und zünftig. ■ C. de la Reina Cristina 7, Tel. 933100839, www.canpaixano.com, Mo–Sa 9–22.30 Uhr

€€ | Casa Pascual Spezialität des Restaurants sind Reisgerichte, aber auch die Tapas sind exzellent. Freundlicher Service und weniger touristisch als die Lokale am Hafen. Gute Mittagsmenüs. ■ Pas de Sota Muralla 7, Tel. 933106837, www.familialonja.com, So–Do 9–23, Fr, Sa 9–24 Uhr

€€€ | 7 Portes Edelrestaurant mit 180-jähriger Geschichte, stilvoll unter den Arkaden am Passeig d'Isabel II. Lokal und Küche sind klassisch: Auf weißen Tischdecken werden Canelons, Paella und Fisch serviert. ■ Pg. d'Isabel II 14, Tel. 933193033, www.7portes.com, tgl. 13–1 Uhr

Einkaufen

Feria d'Artesania Am Wochenende verkaufen Kunsthandwerker um den Palau de Mar Handtaschen, Schmuck, Kleidung, Schuhe und Keramik. ■ Moll del Dipòsit, Tel. 670437597, www.portvellbcn.com, Sept.–Juni Sa, So 11–20.30 Uhr, Juli, Aug. tgl.

ADAC Mobil

Egal, ob auf dem Tandem oder mit Anhänger für ein, zwei oder mehr Kinder oder ganz klassisch auf zwei Rädern: Barcelonas **Stadtpark** (S. 58) lässt sich prima mit dem **Fahrrad** erkunden. Happy Rental Bike verleiht Fahrräder in allen Größen und bietet auch verschiedene geführte Touren ab einer Person an. *C. Roger de Flor 3, Tel. 933285834, www.happyrentalbike.com, 4 €/Std., Tour ab 40 € für 1 Person, Plan S. 61 ab2*

38 Barrio de la Barceloneta

Das ehemalige Fischerviertel lockt mit Bars und Sandstrand

Kunst am Strand La Barceloneta: die Skulptur »Verletzter Stern« von Rebecca Horn

Information

- Metro L4 Barceloneta
- Parken: S. 68

Wo heute Sonnenhungrige Richtung Strand flanieren und der Duft gebratenen Fischs durch die Straßen zieht, befand sich vor 600 Jahren lediglich die »Illa Maians«, eine öde Sandinsel. Durch den Bau des ersten Kais und der Hafenanlage wurden ab dem 15. Jahrhundert sukzessive Sand und Sedimente aus dem Fluss Besòs angeschwemmt. Daraus entstand eine Landzunge: die heutige Barceloneta. Bebaut wurde das Gebiet ab 1753 unter der Regie des Militäringenieurs Juan Martín Cermeño (1700–1773). Damals platzte die Altstadt aus allen Nähten, das Viertel sollte neuen Wohnraum schaffen. Für die Bewohner, die ihre Wohnungen durch den Bau der Zitadelle 40 Jahre zuvor verloren hatten und eigentlich in Meeresnähe angesiedelt werden sollten, kam der Bebauungsplan zu spät. Die schnurgeraden Straßen und rechteckigen Häuserblocks entsprachen dem rationalen Geist der Epoche. Im Lauf der Jahrzehnte wurden die ursprünglich zweigeschossigen Einfamilienhäuser

Plan S. 67

aufgestockt und geteilt, sodass die Barceloneta heute zu den am dichtesten besiedelten Vierteln zählt. Die meisten Wohnungen sind so klein und eng, dass die Bewohner ihr Wohnzimmer oft nach draußen verlagern – und ein paar Stühle auf den Gehsteig stellen. Der Charme des Viertels und die Nähe zum Meer machen die Barceloneta auch bei Urlaubern beliebt, nicht nur zur Freude der Anwohner: Seit den Olympischen Spielen sind die Mietpreise eklatant gestiegen. An vielen Balkonen hängen Transparente mit der Aufschrift: »Cap pis turístic« (»Weg mit den Ferienwohnungen«).

Sehenswert

a Església de Sant Miquel del Port

| Kirche |

Die zwischen 1753 und 1755 erbaute Barockkirche ist das Werk von Pedro Martín Cermeño, Sohn des mit der Planung der Barceloneta beauftragten Militäringenieurs. An der Fassade finden sich deutliche Anleihen an den klassizistischen italienischen Stil. Es ist nicht die einzige Referenz an den Nachbarn auf der anderen Seite des Meers: Die Bewohner des Viertels nennen die Barceloneta auch L'Òstia nach dem großen italienischen Hafen, zu dem einst eine rege Handels- und Schmuggelbeziehung bestand.

■ C. San Miquel 39, tgl. 7–13.30 Uhr

b Casa de la Barceloneta

| Baudenkmal |

Das 1761 erbaute Haus ist eines der wenigen noch erhaltenen Beispiele für die ursprüngliche Bebauung: Drei Fassaden des schmucken, zweigeschossigen Gebäudes mit der Klinkerfassade zeigen zur Straße – kein Vergleich zu den Blöcken nebenan, die auf gleichem Raum vier Wohnungen unterbringen müssen. Das denkmalgeschützte Haus wird als Kulturzentrum genutzt. Im Erdgeschoss erklärt eine kleine Ausstellung die Geschichte der Barceloneta. Es ist nicht das einzige historisch interessante Gebäude in der Straße. Schräg gegenüber findet sich mit der heute als Bibliothek genutzten Cooperativa La Fraternitat das Freizeit- und Bildungszentrum eines der einfluss-

reichsten barcelonischen Arbeitervereine. An den Seitenfassaden sind deutliche Einflüsse des Wiener Architekten Otto Wagner zu erkennen. Am Ende des Carrer Sant Carles erinnert ein Brunnen an die 1918 im Armenviertel Somorrostro geborene Flamenco-Tänzerin Carmen Amaya, die international große Erfolge feierte.

■ C. Sant Carles 6, Tel. 936 88 49 56, www.casadelabarceloneta1761.bcn.cat, Di–Do 10–13, 16–21, Fr 16–21, Sa 10–14, 16–20 Uhr, Eintritt frei

c Mercat de la Barceloneta

| Markthalle |

Hier schlägt das Herz des Viertels – seit jeher. In der Markthalle mit dem markant geschwungenen Dach kaufen Hausmänner und Wirtinnen aus der Nachbarschaft ein. Das Tragwerk aus Stahl und Ziegelstein stammt noch aus dem 19. Jahrhundert, der Rest wurde modernisiert und auf den neuesten Stand gebracht, inklusive Solaranlage. Auf dem großen Platz davor sitzen im Schatten der Akazien Anwohner und beobachten, teils skeptisch, teils amüsiert, die Touristen, die ihre Rollkoffer über den Asphalt ziehen oder auf den Tischtennisplatten ihre Stadtpläne ausbreiten.

■ Pl. Poeta Bosca 1, Tel. 932 21 64 71, www.mercatdelabarceloneta.com, Mo–Do 7–14, Fr 7–20, Sa 7–15 Uhr

Die Hafenseilbahn Transbordador Aeri del Port fährt zum Montjuïc hoch

ADAC Wussten Sie schon?

Mit dem Wasserturm **Torre de les Aigües** verbindet sich eine tragische Geschichte: Nachdem bei der Eröffnung 1905 die Pumpe versagte, stürzte sich der Ingenieur aus Scham vom obersten Stock in den Tod. Wenige Tage später entdeckten Arbeiter per Zufall, dass die Technik einwandfrei funktionierte. Der Ingenieur hatte lediglich den Hebel des aus Großbritannien stammenden Fabrikats in die falsche Richtung gelegt.

Torre de les Aigües

| Baudenkmal |

Im auf dem Gelände der ehemaligen Gaswerke errichteten Parc de la Barceloneta erinnern Baudenkmäler an die industrielle Vergangenheit. Neben dem 1868 erbauten Stahlgerüst des Gasometers ist das vor allem der achteckige, 51 Meter hohe Wasserturm mit der hübschen, mit Keramikfliesen verkleideten Kuppel. Erbaut hat ihn Mo-

dernisme-Architekt Josep Domènech i Estapà (1858–1917). Von ihm stammt auch der zwei Jahre später entstandene Firmensitz der Gaswerke, der heute ein Umwelterziehungszentrum beherbergt.

■ Parc de la Barceloneta, Pg. Marítim

e Strand La Barceloneta

| Strand |

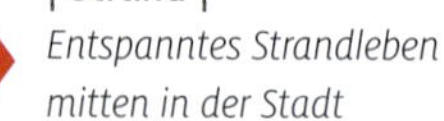

Entspanntes Strandleben mitten in der Stadt

Auch wenn streng genommen nur der 422 Meter lange Abschnitt zwischen dem Parc de la Barceloneta und dem dreieckigen Platz am Carrer de l'Almirall Cervera Barceloneta heißt, nennt man im Volksmund den gesamten Strand entlang der Landzunge der Barceloneta so. Egal, ob ergraute Seniorinnen des Viertels, durchtrainierte Großstadt-Youngster oder sonnenhungrige Urlauber: Auf dem knapp 80 Meter breiten Sandstrand findet jeder seinen Platz. Die Skulptur »Estel Ferit« (»Verletzter Stern«) aus vier übereinandergestapelten Boxen aus Kortenstahl stammt von der deutschen Künstlerin Rebecca Horn (*1944) und erinnert an die Fischbuden, die hier bis zu den Olympischen Spielen 1992 standen. Heute ist die Skulptur ein beliebter Treffpunkt – und die Fischbuden haben in den wie damals »xiringuitos« genannten Strandbars ihre postmodernen Nachfolger gefunden.

■ Pg. Marítim, Bus D20, auch behindertengerechte Duschen/WC, Vermietung von Sonnenschirmen/-liegen

f Transbordador Aeri del Port

| Seilbahn |

Erbaut für die Weltausstellung im Jahr 1929, tut die alte Seilbahn immer noch zuverlässig ihren Dienst und schaukelt Besucher gemächlich zum Aussichts-

38a – 38f Barrio de la Barceloneta

La Barceloneta mit dem Peix d'Or (Fisch aus Gold) von Frank O. Gehry im Hintergrund

punkt Miramar auf den Museumsberg Montjuïc. Auf halber Strecke bleiben die roten Seilbahngondeln bei der Torre Jaume I stehen, mit 119 Metern eine der höchsten Seilbahnstützen der Welt. Achtung: In den Gondeln gibt es keine Sitzplätze, und ein leichtes Schaukeln ist normal.

■ Torre de Sant Sebastià, Tel. 934 30 47 16, www.telefericodebarcelona.com, Nov.–Feb. 11–17.30, März–Mai, Sept., Okt. 10.30–19, Juni–Aug. 10.30–20, 11 €, Berg- und Talfahrt 16,50 €

P Parken

An der Markthalle befindet sich eine videoüberwachte Tiefgarage. ■ C. del Baluard 27, Tel. 902 28 30 80, www.saba.es, 3,70 €/Std., Plan S. 67 b2

Vor dem Krankenhaus am Passeig Marítim ist ein städtisches Parkhaus für Fahrzeuge bis zu 2,10 Meter Höhe. ■ Pg. Marítim 23–31, www.aparcamentsbsm.cat, Tel. 934 09 20 21, 3,50 €/Std., Plan S. 67 c2

Restaurants

€ | **La Bombeta** In der unscheinbaren Bar ist es lebhaft, laut – und lecker. Spezialität ist die »bomba«, ein mit Hackfleisch und scharfer Soße gefülltes Kartoffelbällchen. Ein bei Einheimischen und Touristen beliebter Klassiker. ■ C. de la Maquinista 3, Tel. 933 19 94 45, Do–Di 10–24 Uhr, Plan S. 67 b2

15 €€ | **Can Ramonet** Das kleine Wirtshaus zählt zu den ältesten Häusern des Viertels. Ursprünglich befand sich hier ein Lager, später eine Taverne. Spezialität sind Reisgerichte und natürlich Fisch. Auf der Terrasse lässt sich das Treiben vor der Markthalle beobachten. ■ C. de la Maquinista 17, Tel. 933 19 30 64, canramonet.es, tgl. 12–24 Uhr, Plan S. 67 b2

€€ | **Restaurante Somorrostro** Slow-Food-Restaurant mit teils raffinierten, teils klassischen Tapas und Paella. Der Fisch wird täglich an der lokalen Fischbörse ersteigert, das Gemüse kommt von Bio-Bauern aus der Umgebung.

Die Wirte betreiben auch die Gastro-Wein-Bar Rebelot eine Straßenecke weiter am Marktplatz. ■ C. Sant Carles 11, Tel. 932250010, www.restaurantesomorrostro.com, So–Do 13–22.45, Fr, Sa 13–23.45 Uhr, Plan S. 67 b2

€€–€€€ | Red Fish Mehr Meer geht nicht: Das Restaurant des Segelclubs liegt direkt am Strand, Gäste sitzen in ehemaligen Katamaranen und genießen Fisch, Paella und Meeresfrüchte. An Wochenenden zuweilen wegen Events geschlossen. ■ Moll de la Marina s/n, Tel. 931716894, www.redfishbcn.com, So–Do 11–20, Fr, Sa 11–23 Uhr, Plan S. 67 östl. c3

Kinder

Strandmüde Kinder können sich auf den Spielplätzen am **Parc de la Barceloneta** austoben. Für Ältere gibt es Tischtennisplatten. Eltern können von der Bar am Platz beides gut einsehen.

Erlebnisse

Meeresluft schnuppern an der breiten Strandpromenade: Das gehört zum Standardprogramm fast aller **Segwaytouren**. Wer die Barceloneta und den Rest der Stadt bequem mit elektrisch betriebenem Untersatz erkunden will, kann bei Barcelona Sun Segway oder Barcelona Segway Tours buchen. Beide Unternehmen bieten unterschiedlich lange Routen, die Preise schwanken zwischen 30 und 70 €. Wer sich auf das Abenteuer einlässt, muss auf dem Radweg oder der Straße fahren. Der Gehweg ist absolut tabu. Darüber hinaus besteht Helmpflicht. Verstöße werden mit Geldstrafen zwischen 100 und 500 € geahndet.

■ Barcelona Sun Segway, C. Nou de La Rambla, Tel. 933026589, www.barcelonasunsegway.es

■ Barcelona Segway Tours, Pg. de Lluís Companys 10, Tel. 933104108, www.barcelonasegwaytour.com

ADAC Spartipp

Es mag zwar romantisch sein, die Paella mit Blick auf Meer oder Hafen zu genießen, allerdings zahlen Sie dabei fast immer drauf. Ignorieren Sie das Schmeicheln der mit sechssprachiger Speisekarte bewaffneten Kellner am Passeig Joan de Borbó und wagen Sie sich in die schmalen Straßen der **Barceloneta**, wo die Einheimischen speisen.

ADAC Mobil

Mit der **Parking Card** können Sie für die Dauer Ihres Urlaubs eines der 40 städtisch betriebenen B:SM-Parkhäuser/Parkplätze nutzen. Der Parkpass ist für einen (ab 20 €), drei (ab 40 €), fünf (ab 49 €) oder sieben (ab 62 €) Tage gültig. Man erhält den Pass online unter www.parkingcard.cat. Für kurze Aufenthalte empfiehlt sich die Stundenkarte.
www.aparcamentsbsm.cat, Tel. 934092021

Sport

Am Outdoor-Trainingsspot auf der Mole gegenüber dem Park lässt sich prima ein Klimmzug-Training einschieben. Wer's kontemplativer mag, setzt sich auf eine der Betonliegen und genießt den Blick aufs Meer.

39 Port Olímpic

Der olympische Hafen ist umstrittenes Erbe der Sommerspiele 1992

■ Metro L4 La Ciutadella

In den 154 Meter hohen, einst als Sitz des Olympischen Komitees und Sportlerunterkunft genutzten Türmen befinden sich heute ein Luxushotel und ein Bürogebäude. Die Discos und Pubs ringsum lockten einst Partytouristen und sollen schrittweise in familienfreundlichere Einrichtungen umgewandelt werden. Ebenfalls Teil des Ensembles ist die Skulptur von Frank O. Gehry. Sie symbolisiert je nach Perspektive einen Fisch oder einen olympischen Helm und ist vor allem in der Abendsonne ein beliebtes Fotomotiv.

40 Platja Bogatell

Der familiäre Strand gehört zum Erbe der Olympischen Spiele

■ Metro L4 Llacuna, Bus H16 Platja del Bogatell Cementiri del Poblenou

Auch hier gibt es Klettergerüste, Bars und mit Duschen und Liegestuhlverleih alles Notwendige für einen komfortablen Strandbesuch. Das Ambiente ist etwas familiärer als auf der anderen Seite der olympischen Türme. Angelegt

Der 56 Meter breite und 35 Meter hohe »Goldene Fisch« von Frank O. Gehry

wurde der 700 Meter lange Strand im Vorfeld der Olympischen Spiele. Jenseits der Umgehungsstraße bietet ein Pinienhain Schatten.

Sehenswert

La Rambla del Poblenou

| Promenade |

Die Rambla del Poblenou – mit einer Länge von einem Kilometer eine der längsten Alleen der Stadt – entstand im Rahmen des Stadtumgestaltungsplans Mitte des 19. Jahrhunderts. Auf den Bänken tauschen sich Rentner über die neuesten Nachrichten aus, Eltern schieben Kinderwagen spazieren: Auf der Flaniermeile im einstigen Arbeiterviertel Poblenou verläuft das Leben etwas gemächlicher als im Zentrum. Für authentischen Charme bürgen Traditionslokale wie das Casino Aliança (Rbla. del Poblenou 42, www.casinoalianca.cat), ein 1869 von Textilarbeitern und Kleinunternehmern gegründeter Kulturverein, das Lokal des Fußballvereins Monopol (Rbla. del Poblenou 74, www.monopol.cat) oder Delikatessenläden wie Can Recasens (Rbla. del Poblenou 102).

ADAC Spartipp

Mit der **Park-App** können Urlauber tageweise den städtischen Low-Cost-Parkplatz am Strand von Bogatell nutzen. Ein Platz in der Tiefgarage (Pkw bis 2,50 m Höhe) an der Platja Bogatell kostet 7,95 € pro Tag. Es gibt auch Mehrtagespässe. Online-Reservierung erforderlich.
Parking Pg. Garcia Faria-Espronceda, Tel. 911410170, www.parkapp.com

Restaurants

€€–€€€ | Els Pescadors An einem lauschigen Platz bietet das Restaurant hervorragende Fisch- und Reisgerichte. Exzellente Weinkarte! ■ Pl. del Prim 1, Tel. 932252018, www.elspescadors.com, tgl. 13–15.30, 19.45–22.30 Uhr

Cafés

El Tío Che Das Eis ist zwar auch sehr gut, zum Klassiker macht den Traditionsladen aber die hausgemachte »orxata«, eiskalte Erdmandelmilch. ■ Rbla. del Poblenou 44–46, Tel. 933091872, www.eltioche.es, Sommer So–Do 10–1, Fr, Sa 10–2, Winter tgl. 10–22 Uhr

Am Abend

Während man sich im Born zum späten Essen, auf ein Glas Wein oder den ein oder anderen Gin Tonic trifft, tobte rings um den Hafen bis vor Kurzem der Partytourismus: Junggesellen aus Mittel- und Nordeuropa ließen es vor der Hochzeit noch mal richtig krachen, und vor den Türen der Clubs drängelt sich der Easy Jetset. Für die Anwohner bedeutete das schlaflose Nächte. Die Stadt will den Olympischen Hafen familienfreundlicher machen. Die Lizenzen vieler Clubs und Musiklokale dort laufen 2020 aus.

Bühne

17 **Espai Barroc** Nicht nur die Atmosphäre im barocken Palau Dalmases ist spektakulär, auch die Flamenco-Darbietungen sind vom Allerfeinsten. ■ C. Montcada 20, Metro L4 Jaume I, Tel. 933 10 06 73, www.palaudalmases.com, tgl. 18, 19.30, 21.30 Uhr, ab 25 € inkl. Getränk

Konzerte

Palau Gomis Kulturliebhaber stimmen sich im Foyer des MEAM (S. 56) aufs Wochenende ein: freitags mit Jazz, samstags mit Kammermusik und zuweilen Oper. ■ C. Barra de Ferro 5, Metro L4 Jaume I, Tel. 933 19 56 93, www.meam.es, ab 18 Uhr

Kneipen, Bars und Clubs

Absenta Bar Das Mobiliar ist bunt zusammengewürfelt, aus den Lautsprechern singt heiser Johnny Cash, und der Kellner führt fachkundig in die Welt des Absinths ein: Die Eckkneipe trotzt charmant der Hipster-Welt. ■ C. de Sant Carles 36, Metro L4 Ciutadella, Tel. 932 21 36 38, So, Mo, Mi 17–1, Do 17–2, Fr, Sa 17–3 Uhr

Disset 17 Graus In einer Seitenstraße des Passeig del Born versteckt sich eine der besten Weinbars des Viertels. Mit mehr als 60 Referenzen aus Katalonien, Spanien, Frankreich, Portugal und Deutschland ist die Karte ordentlich bestückt. ■ Antic de Sant Joan 3, Metro L4 Jaume I, Tel. 932 68 19 87, www.eldiset.com, tgl. 19–2 Uhr

Magic Club Unter einem goldgerahmten Elvis-Presley-Porträt treffen sich seit 1976 die Rockfans der Stadt. Im Halbdunkel des Kellerclubs beweisen Tanzwütige jedes Wochenende, dass Rock 'n' Roll alles ist – nur nicht tot. ■ Pg. Picasso 40, Metro L4 Jaume I, Bus H14 Pg. Picasso/Princesa, Tel. 933 10 72 67, www.magic-club.net, Do–Sa 23–6 Uhr

Casinos

Casino Barcelona Mit dem Glamour des Nobelhotels Arts kann das Casino im Untergeschoss nicht mithalten. Dafür sind die Automatensäle rund um die Uhr sowie die Roulette- und Pokertische fast die ganze Nacht geöffnet. ■ C. de la Marina 19–21, Metro L4 Ciutadella, Tel. 900 35 43 54, www.casinobarcelona.com, tgl. 0–24 Uhr

Übernachten

Wer historisches Flair und mittelgroße Hotels sucht, ist im Ribera-Viertel richtig. In strandnahen Bezirken wie der Barceloneta sind Privatunterkünfte eine reizvolle Alternative. Doch Achtung: Nicht alle Wohnungen haben eine offizielle Lizenz. Wer sichergehen will, überprüft sein Ferienapartment auf www.fairtourism.barcelona.

€

Travelodge Barcelona Zweckmäßiges Hotel mit funktional eingerichteten, sauberen Zimmern. Zum Strand sind es nur fünf Minuten zu Fuß, die Rambla de Poblenou liegt gleich um die Ecke. Familienzimmer und kostenpflichtige Parkplätze sind ebenfalls vorhanden. ■ C. de Llull 170, Tel. 936 24 18 02, www.travelodge.es

€€

Hotel Banys Oriental Das charmante Stadthotel ist längst ein Klassiker in Barcelona, auch wegen des empfehlenswerten Restaurants (katalanische Küche). Die Zimmer sind zwar etwas klein, aber von schlichter Eleganz. Freundlicher Service. ■ C. de l'Argenteria 37, Tel. 932 68 84 60, www.hotelbanysorientals.com

Hotel Chic & Basic Born Ihnen ist romantisch ums Herz? Oder trüb ums Gemüt? Im Hotel Chic & Basic Born kein Problem: Auf Knopfdruck leuchten die weißen Wände Ihres Zimmers im gewünschten Farbton – garantiert stimmungsaufhellend und gute-Laune-fördernd. Auch sonst besticht das 31-Zimmer-Haus am Parc de la Ciutadella durch meist schlaues, zuweilen gewagtes Design. Die gläserne Duschkabine steht platzsparend mitten im Raum. ■ C. de la Princesa 50, Tel. 932 95 46 52, www.chicandbasic.com

Motel One In Foyer, im Barbereich und in den Zimmern haben sich gemäß des Konzepts der Hotelkette lokale Designer ausgetobt, das Frühstücksbüfett ist abwechslungsreich, und das Haus (mit kostenpflichtiger Tiefgarage) auch vom Autobahnzubringer aus bequem zu erreichen. Gutes Preis-Leistungs-Verhältnis. ■ Pg. de Pujades 11–13, Tel. 936 26 19 00, www.motel-one.com

€€€

Hotel Arts Das Hotel der Ritz-Carlton-Gruppe befindet sich in einem der olympischen Türme mit Glas- und Stahlfassade am Strand Vila Olímpica. Sechs Restaurants, Garten und Pool, Dachterrasse, Fitness-Bereich sowie ein luxuriöses Spa bieten wie die stilvollen Zimmer allen erdenklichen Komfort. ■ C. de la Marina 19–21, Tel. 932 21 10 00, www.hotelartsbarcelona.com

K + K Hotel Picasso Die Zimmer in dem modernen Hotel sind komfortabel und dank Isolierverglasung ruhig, das Personal ist ausgesprochen freundlich – und die Lage exzellent: Der Parc de la Ciutadella liegt direkt vor der Tür, hinter dem Haus lockt das lebendige Viertel El Born. Hübsche Dachterrasse mit Pool. ■ Pg. de Picasso 26–30, Tel. 935 47 86 00, www.kkhotels.com

Modernisme-Pracht im Eixample

In der Neustadt lassen sich die weltberühmten Bauten von Antoni Gaudí erkunden – und Metropolenflair schnuppern

Das Schachbrettmuster des Eixample ist bereits vom Flugzeug aus zu erkennen. Rings um die Altstadt bilden 51 vertikale und 23 horizontale Straßenzüge ordentliche Quadrate. Die Neustadt macht längst den größten Teil des Stadtgebiets aus. Der Startschuss fiel 1860 mit dem »plan Cerdà«, einige Jahre nachdem Madrid den Abriss der Stadtmauern und die Bebauung der ursprünglich zu einer Militäranlage gehörenden außerstädtischen Wiesen und Äcker genehmigte. In den Folgejahren wurde der Eixample (die Erweiterung) zum Ideenlabor experimentierfreudiger Architekten, allen voran Antoni Gaudí, Josep Puig i Cadafalch und Lluís Domènech i Montaner. 120 Modernisme-Bauwerke können hier besichtigt werden. Ganz oben auf der Liste stehen Antoni Gaudís Sagrada Família und das Ensemble Illa de la Discòrdia (Insel der Zwietracht) am Passeig de Gràcia.

In diesem Kapitel:

ADAC Top Tipps:

Sagrada Família
| Kirche |

18 Türme, Platz für 13 000 Menschen und eine zuvor nie da gewesene Formensprache: Antoni Gaudís Sühnetempel ist ein Bauwerk der Superlative. Der Architekt widmete ihm auch ganze 43 Jahre seines Lebens. Vollendet ist die »Predigt aus Stein« zwar auch heute noch

nicht, sie soll es aber zu Gaudís 100. Todestag 2026 sein. 76

leistung – und bietet vom Dach bezaubernde Stadtausblicke. 81

ADAC Empfehlungen:

La Pedrera

| Baudenkmal |

Gaudís bahnbrechendes Gebäude ist eine ingenieurtechnische Meister-

19 **Casa Bonay**

| Hotel |

Mit einer hübschen Café-Bar im Wohnzimmerstil ist das von einem jungen Team geführte Hotel ein beliebter Treffpunkt. 91

41 Sagrada Família

Gaudís weltberühmte »Predigt aus Stein« ist noch unvollendet

■ Metro L2, L5 Sagrada Família
■ C. de Mallorca 401, Tel. 932 08 04 14, www.sagradafamilia.org, Nov.–Feb. 9–18, März, Okt. 9–19, April–Sept. 9–20 Uhr, ab 17 € (ohne Führung). Nur mit Online-Reservierung bis zu zwei Wochen vorher

Barcelonas Wahrzeichen ist ein Werk der Superlative: Seit über 135 Jahren wird an dem Sühnetempel gebaut, 18 Türme sollen ihn einmal krönen. Der zentrale Christusturm wäre mit 172,50 Metern der höchste Kirchturm der Welt. Doch Antoni Gaudí ging es nicht um Rekorde. Nach dem Willen des Architekten, der den 1882 begonnenen Bau mit Anfang 30 von seinem Vorgänger Francisco de Paula del Villar übernommen hatte, sollte aus der Sagrada Família eine »Predigt aus Stein« werden: eine Kirche, in der jedes noch so kleine Detail eine religiöse Bedeutung hatte. So sollte selbst der höchste Turm nicht die »Gott geschaffenen« Berge ringsum überragen. Die von Gaudí verwendeten Größen- und Mengenverhältnisse seiner Türme, Säulen, Kuppeln sind teils biblischen Ursprungs. Als der Architekt 1926 starb, stand lediglich ein Zehntel der Kirche. Am deutlichsten erkennt man seine Handschrift an der wie aus Ton gekneteten Geburtsfassade, deren drei Portale die christlichen Tugenden Liebe, Glaube und Hoffnung symbolisieren. In scharfem Kontrast hierzu steht auf der gegenüberliegenden Seite die vom katalanischen Bildhauer Josep Maria Subirachs (1927–2014) gestaltete Passionsfassade mit strengen, scharfkantigen Formen.

Im Jahr 2010, zur Weihung der Kirche durch Papst Benedikt XVI., wurde der lichtdurchflutete Innenraum der Basilika fertiggestellt, in dem sich die schrägen Säulen von Antoni Gaudí studieren lassen. Vollendet werden soll die allein aus Spenden und Eintrittsgeldern finanzierte Basilika im Jahr 2026, pünktlich zum 100. Todestag des Architekten. Eine offizielle Baugenehmigung für das Jahrhundertwerk gibt es übrigens erst seit 2019.

ADAC Spartipp

Wer **online** für wenig frequentierte Zeitfenster Tickets kauft, spart Geld – unter 30-Jährige bis zu 40 Prozent. Extras können später nicht mehr dazugebucht werden.

Parken

An der Sagrada Família liegt ein Dauerparkplatz. Wegen des hohen Verkehrsaufkommens empfiehlt sich die Anfahrt mit der Metro. ■ Pl. de la Sagrada Família 9, Tel. 934 59 41 09, www.garatgesagradafamilia. com, 4,20 €/Std., 28 €/24 Std., 200 €/1 Monat

Restaurants

€€ | **La Paradeta** Den Fisch sucht man sich am Eingang aus, Minuten später wird er frisch zubereitet im unprätentiösen Speisesaal serviert: Mit diesem Konzept hat das Restaurant in der ganzen Stadt Erfolg. Eines der wenigen empfehlenswerten Fischlokale rings um die Sagrada Família. ■ Ptge. Simó 18, Tel. 934 50 01 91, www.laparadeta.com, Di–So 13–16, 20–23.30 Uhr

Im Blickpunkt

Antoni Gaudí: Genie und Wahnsinn

Als Antoni Gaudí am 15. März 1878 sein Abschlusszeugnis erhielt, murmelte der Direktor der Architekturschule: »Die Zeit wird zeigen, ob wir einem Genie oder einem Wahnsinnigen das Diplom gegeben haben.« Die Nachwelt zählt Gaudí zur ersten Gruppe, doch etwas Wahnsinn war notwendig, um die Architektur so grundlegend auf den Kopf zu stellen, wie er es tat. 1852 als fünftes Kind eines Schmiedemeisters aus Reus geboren, kam Antoni Gaudí mit einer Rheuma-Erkrankung zur Welt. Als Junge verbrachte er viel Zeit allein draußen in der Natur. Sie sollte seine große Lehrmeisterin werden: Nicht nur die charakteristischen geschwungenen Formen entstammen einem intensiven Naturstudium, auch Gaudís ingenieurtechnische Überlegungen wurzeln darin.

Klassische Stützen wie die gotischen Strebepfeiler lehnte er als »Krücken« ab. Seine Gebäude sollten sich selbst tragen, so wie ein Baum sich selbst trägt. Nach neogotischen und neomaurischen Gehversuchen bot der Modernisme Antoni Gaudí die Möglichkeit, seine eigenen Ideen umzusetzen. Unbezahlbare Hilfe dabei leistete ihm sein Förderer Eusebi Güell. Die beiden Freunde einten auch politische Sympathien: Wie viele junge Männer ihrer Zeit träumten sie von einem Wiedererwachen der katalanischen Nation. Reminiszenzen daran finden sich auch in Gaudís Werken – mit Zitaten aus der Sant-Jordi-Legende und des hohen Mittelalters, der Blütezeit Kataloniens. Ab 1914 widmete sich der gefragte und umstrittene Architekt ganz der 1882 begonnenen Sagrada Família. Der einstige Lebemann verwandelte sich in einen strenggläubigen Katholiken. Am 10. Juni 1926 starb Antoni Gaudí an den Folgen eines Straßenbahnunfalls. Mit päpstlicher Sondergenehmigung wurde sein Leichnam in der Krypta jenes Sühnetempels begraben, dem er einen Großteil seines Lebens – und sein gesamtes Geld – gewidmet hatte.

Einer der bedeutendsten Gebäudekomplexe des Modernisme: Hospital Sant Pau

42 Hospital de la Santa Creu i Sant Pau

In der Modernisme-Anlage sollten Kranke durch Kunst und Natur genesen

■ Metro L4 Hospital de Sant Pau, L5 Sant Pau Dos de Maig
■ C. Sant Antoni Maria Claret 167, Tel. 935 53 78 01, www.santpaubarcelona.org, Nov.–März Mo–Sa 10–16.30, So 10–14.30, April–Okt. Mo–Sa 10–18.30, So 10–14.30 Uhr, Führungen (engl.) tgl. 11 Uhr, 14 € (mit Führung 19 €)

Die zwischen 1903 und 1930 erbaute Anlage ersetzte als eines der modernsten Krankenhäuser des Landes das städtische Spital im Raval. Statt eines kompakten Gebäudes entwarf Lluís Domènech i Montaner eine Gartenstadt mit 48 durch Tunnel miteinander verbundenen Pavillons. In der Parkanlage und den mit Skulpturen, Buntglasfenstern, Kuppeln und Keramiksäulen verzierten Häusern sollten Kranke auch durch den Genuss von Kunst und Natur genesen. Domènech i Montaner setzte den Komplex hinter dem Empfangsgebäude schräg zur restlichen Bebauung des Viertels, um die Brise vom Meer für die Belüftung zu nutzen. Einige der Pavillons sowie das umfangreiche Tunnelsystem können besichtigt werden. Besonders reizvoll ist der Besuch des Geländes während der sommerlichen Konzerte (siehe Website).

 **Sehenswert**

Avinguda Gaudí

| Flaniermeile |

Der Boulevard verbindet zwei der herausragendsten Modernisme-Bauten und durchschneidet ganz bewusst das

bei Gaudí und Co. verhasste »gleichmacherische« Schachbrettmuster des Eixample. Unter den von Stadtarchitekt Pere Falqués gestalteten Laternen treffen sich Anwohner.

■ Av. Gaudí, Metro L2, L5 Sagrada Família oder L5 Sant Pau-2 de maig

Restaurants

€€ | **El Petit Porquet** Spezialität der ehemaligen Metzgerei sind Wurst und Käse. Hier sieht man, wie Iberischer Schinken richtig geschnitten wird. ■ C. Lepant 309, Tel. 639755641, Mo–Sa 9.30–24 Uhr

43 Casa Fuster

Das sehenswerte Luxushotel hat eine bewegte Geschichte

■ Metro L5, L4 Diagonal

■ Pg. de Gràcia 132, Tel. 932553000, www.hotelcasafuster.com

Die zwischen 1908 und 1910 errichtete Casa Fuster ist das letzte Werk von Lluís Domènech i Montaner und erinnert mit der weißen, von Erkern und Bogengalerien aufgelockerten Fassade an ein Märchenschloss. Auftraggeber Marià Fuster i Fuster wollte seiner blaublütigen Gattin eine standesgemäße Residenz schenken und baute ihr das seinerzeit teuerste Gebäude der Stadt mit eigenem Theater und Garten in der Beletage. Die restlichen Stockwerke wurden vermietet, unter anderem an den katalanischen Dichter Salvador Espriu. In den 1930er-Jahren befanden sich hier die deutsche Botschaft und das italienische Institut. Während des Bürgerkriegs war das Hotel Zentrale der Jugendorganisation der marxistischen POUM, zwischen den prachtvollen Säulen tagte im Mai 1937 das Komitee zur Verteidigung der Revolution. Seit 2000 wird das Gebäude als Hotel genutzt und zählt unter anderem Woody Allen zu seinen Gästen. Der US-Regisseur quartierte sich hier während der Dreharbeiten zu »Vicky, Cristina, Barcelona« ein und verewigte das Haus auch filmisch.

Sehenswert

Casa Comalat

| Baudenkmal |

Das von Salvador Valeri Pupurull zwischen 1906 und 1911 erbaute Haus überrascht mit zwei unterschiedlichen Fassaden. Zur Avinguda Diagonal zeigt es sich mit Erkerbalkonen und kühn geschwungener Haube fast klassisch spätmodernistisch, die Rückseite überrascht mit einem Steinmosaik in Blau- und Grüntönen. Keine Innenbesichtigung möglich.

■ Av. Diagonal 442

Parken

Zwischen Casa Comalat und Casa Fuster befindet sich eine 24-Stunden-Tiefgarage für Fahrzeuge mit einer Höhe bis zu zwei Meter. ■ Pg. de Gràcia, Jardinets, Tel. 902283080, www.saba.es, 3,70 €/Std.

Restaurants

€€ | **Riera 29** Modernisierte katalanische Klassiker und gehobene mediterrane Küche zu vernünftigen Preisen etwas abseits des Boulevards. Empfehlenswerte Mittagsmenüs. ■ Riera de Sant Miquel 29, Tel. 933681875, www.riera29.com, Di–Sa 13–16, 20.30–24 Uhr

Im Blickpunkt

Von Drachen, Rosen und Büchern

Die Geschichte vom Drachentöter Sant Jordi, der eine dem Tod preisgegebene Prinzessin aus den Klauen eines Ungeheuers befreite, kennt in Katalonien jedes Kind: Der hl. Georg ist der Schutzpatron Kataloniens. Aus den Blutstropfen des getöteten Schuppentiers sollen Rosen entsprungen sein, die der Ritter der geretteten Prinzessin schenkte. In Anlehnung an die Legende beschenken sich die Katalanen am 23. April, dem Georgstag, mit Rosen – und Büchern: Der Namenstag des Heiligen fällt nämlich mit dem 1929 zum internationalen Tag des Buches proklamierten Todestag von Miguel de Cervantes und William Shakespeare zusammen. Zu diesem Anlass verwandelt sich die gesamte Innenstadt in einen riesigen Büchermarkt, die Verlage machen den Großteil ihres Jahresumsatzes, und vor den Balkonen prangen katalanische Fahnen.

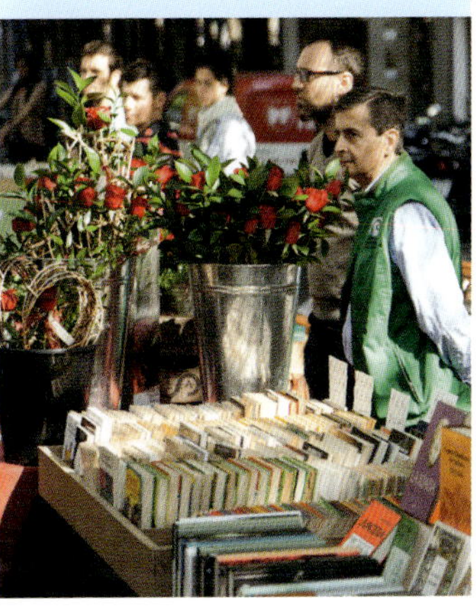

44 Casa de les Punxes
Casa Terrades

Die Modernisme-Burg ist dem berühmten Drachenbezwinger gewidmet

■ Metro L4, L5 Verdaguer
■ Av. Diagonal 420, Tel. 930 18 52 42, www.casadelespunxes.com, tgl. 10–19 Uhr, 13,50 € (mit Audio-Guide)

Wegen seiner wie Bleistiftspitzen in den Himmel piekenden Türme heißt die Casa Terrades im Volksmund auch »Haus der Spitzen«. Die Vorlage für das von Josep Puig i Cadafalch zwischen 1903 und 1905 errichtete Gebäude lieferte Schloss Neuschwanstein. Erbaut wurde es für die drei Schwestern der Familie Terrades, von denen jede einen eigenen Eingang erhielt. Als einer der politisch aktivsten Architekten des Modernisme hatten katalanische Symbole für Puig i Cadafalch eine besondere Bedeutung. An der Fassade zeigt eine Keramikplakette den Drachentöter Georg und bittet: »Heiliger Patron Kataloniens, gib uns die Freiheit wieder«. Im Inneren des Gebäudes wird mit großem technischem Aufwand, Videoprojektionen, Spezialeffekten und einem leichten Hang zum Kitsch die dazugehörige Legende erzählt. Vom Dach hat man einen hübschen Blick auf die Stadt.

 **Sehenswert**

Palau del Baró de Quadras
| Baudenkmal |

Für den 1900 in den Adelsstand erhobenen Textilindustriellen Manuel de Quadras erbaute Josep Puig i Cadafalch den ebenfalls an mittel- und nordeuropäischer Baukunst angelehnten Stadt-

Beeindruckender Treppenaufgang im Palau del Baró de Quadras

palast schräg gegenüber der Casa de les Punxes. Die mittelalterlich inspirierten Figuren an der Fassade und das eigens entworfene Wappen im Inneren sollten die Blaublütigkeit des frischgebackenen Barons unterstreichen. Innen lohnt die Besichtigung des repräsentativen Salons und des Kaminzimmers.

■ Av. Diagonal 373, Tel. 670 46 62 60, www.casessingulars.com, Führungen (auf Engl.) Mi 11 Uhr, 10 €

Restaurants

€€ | Taverna Hofmann Hochklassige katalanische Küche – zubereitet und präsentiert vom Team des sternegekrönten Mutterhauses. Entspanntes Ambiente. ■ C. de Girona 145, Tel. 936 24 17 62, www.hofmann-bcn.com, Mo–Sa 13–15.30, 20–23.30 Uhr

La Pedrera
Casa Milà

18 *Gaudís Wohnhaus setzte Maßstäbe im modernen Wohnungsbau*

■ Metro L5, L3 Diagonal, FGC Provenca/ La Pedrera

■ Pg. de Gràcia 92, Tel. 902 20 21 38, www.lapedrera.com, Nov.–Feb. tgl. 9–18.30, März–Okt. tgl. 9–20.30 Uhr, ab 22 € (online), Tageskasse 25 €

Nicht nur wegen der kühn geschwungenen Außenfassade galt die einst spöttisch als La Pedrera (Steinbruch) bezeichnete Casa Milà als modernstes Wohnhaus der Stadt: Geschickt angelegte Innenhöfe und Maueröffnungen versorgen das zwischen 1906 und 1910 errichtete Gebäude mit Licht und Luft, das Tragwerk kommt ohne Säulen und

Stützmauern aus, für Kutschen und Autos gab es eine Tiefgarage. Die mit Originalmöbeln eingerichtete Modernisme-Wohnung vermittelt einen guten Eindruck vom Alltagsleben einer großbürgerlichen Familie, der Espai Gaudí informiert über Leben und Arbeitsweise von Gaudí, von der landschaftsähnlichen Terrasse mit ihren berühmten »Bischofsmützchen« hat man einen tollen Blick auf die Stadt.

Erlebnisse

Auf der Nachtführung **La Pedrera Night Experience** erleben Besucher die Casa Milà von ihrer magischen Seite: Während eines Licht- und Tonspektakels erwachen die weiß gefliesten Bischofsmützchen auf dem Dach zum Leben. ■ Tgl. zwei Führungen auf Engl., Nov.–Feb. 19–21, März–Okt. 21–23 Uhr, 34 € (erm. Kombiticket möglich)

46 Palau Robert

Das Palais zeigt Wechselausstellungen mit katalanischem Bezug

■ Metro L5, L3 Diagonal, FGC Provenca/ La Pedrera

■ Pg. de Gràcia 107, Tel. 932 38 80 91, palaurobert.gencat.cat, Mo–Sa 9–20, So 9–14.30 Uhr, Eintritt frei

Das neoklassizistische Palais diente dem Unternehmer Robert Robert i Surís als Residenz, die Palmen im Innenhof stammen von der Weltausstellung 1888. Heute gehört das Gebäude der katalanischen Regionalregierung und zeigt Wechselausstellungen mit

Die kühn geschwungene Fassade der Casa Milà mit schmiedeeisernen Balkongittern

Bezug auf katalanische Geschichte, Kunst oder Gegenwartskultur. Im Garten kann man gut entspannen.

47 Museu Egipci

Das Museum vermittelt einen Einblick in ägyptische Kunst und Kultur

■ Metro L5, L3 Diagonal, FGC Provenca/La Pedrera
■ C. València 284, Tel. 934 88 01 88, www.museuegipci.com, Mo–Fr 10–14, 16–20, Sa 10–20, So 10–14, 12 €

Auf zwei Etagen zeigt der Hotelunternehmer und passionierte Ägyptologe Jordi Clos (* 1950), was er in 20 Jahren an Kunstschätzen aus der Pharaonenzeit zusammengetragen hat. Die museumseigene Stiftung beteiligt sich auch an Forschungsprojekten.

48 Fundació Antoni Tàpies

Das Museum zeigt das Schaffen des bedeutenden katalanischen Künstlers

■ Metro L2, L3, L4 Pg. de Gràcia, FGC Provenca
■ C. d'Aragó 255, Tel. 934 87 03 15, www.fundaciotapies.org, Di–Do, Sa 10–19, Fr 10–21, So 10–15 Uhr, 8 €

Die 1990 von dem Maler, Grafiker und Bildhauer Antoni Tàpies gegründete Stiftung gibt einen Überblick über sein Schaffen. Untergebracht ist die Sammlung in einem Backsteingebäude des Modernisme-Architekten Lluís Domènech i Montaner. Die Eisen- und Stahlkonstruktion auf dem Dach wurde von Tàpies entworfen und trägt den Titel »Wolke und Stahl« (»Núvol i Cadira«).

Im Blickpunkt

Kreuz, Erde, roter Strich

Gemälde, die mit eingearbeiteten Stoffen, mit Stroh oder Sand wie Reliefs wirken; erdfarbene Bilder aus Wörtern und Symbolen, die an visuelle Gedichte erinnern: Sein ganz eigener Stil brachte Antoni Tàpies (1923–2012) weltweit Anerkennung ein. Der katalanische Künstler gilt als wichtigster Vertreter des Informel. 1948 gründete er mit dem Dichter Joan Brossa und anderen die surrealistisch inspirierte Gruppe Dau al Set, einem der Motoren der zeitgenössischen katalanischen Kunst. In seiner Heimatstadt Barcelona sorgte der Autodidakt mit Werken wie einer 18 Meter großen Socke immer wieder für Polemiken.

49 Illa de la Discòrdia

Drei Architekten schufen den berühmtesten Modernisme-Komplex

■ Metro L2, L3, L4 Pg. de Gràcia
■ Pg. de Gràcia zwischen C. d'Aragó und Consell de Cent

Mit ihrer jeweils eigenen Formensprache verwandelten Antoni Gaudí, Lluís Domènech i Montaner und Josep Puig i Cadafalch Anfang des 20. Jahrhunderts einen regulären Wohnblock in das herausragendste und berühmteste Modernisme-Ensemble der Stadt. Der Wohnkomplex zeigt die gewaltige Vielfalt der Stilrichtung und wird wegen seiner starken Kontraste »Block der Zwietracht« genannt.

Auch im Inneren der Casa Batlló dominieren geschwungene Formen

Sehenswert

Casa Batlló

| Baudenkmal |

Mit seiner mosaikbesetzten Fassade, den knochenartigen Erkersäulen und dem wie ein Drachenrücken gekrümmten und geschuppten Dach wirkt Antoni Gaudís berühmtes Gebäude mehr wie eine Skulptur denn wie ein Wohnhaus: Tatsächlich verkörpert die von 1905 bis 1907 im Auftrag des Textilindustriellen Josep Batlló errichtete Casa Batlló die Legende des Drachentöters Sant Jordi (hl. Georg). Mit etwas Fantasie erkennen Sie in dem von einem vierarmigen Kreuz bekrönten Turm die Lanze des Ritters. Mit Maßanfertigungen vom Fensterrahmen bis zum Türknauf hat Gaudí auch im Gebäudeinneren ganze Arbeit geleistet. Die Besichtigung lohnt sich allemal, ist allerdings teuer. Wer online den Fast Pass bucht, erspart sich gegen Aufpreis wenigstens die Warteschlange.

■ Pg. de Gràcia 43, Tel. 932160306, www.casabatllo.cat, tgl. 9–21 Uhr, 27 € (mit Smart-Guide)

Gefällt Ihnen das?

Dann folgen Sie der Spur des Drachen: Auch andere Modernisme-Architekten haben das geschuppte Ungeheuer verewigt, etwa **Josep Puig i Cadafalch** (S. 80) und **Josep Vilaseca i Casanovas** (S. 23). Ebenfalls sehenswert: die **Sant-Jordi-Reliefs** am Palau de la Generalitat (S. 41) und Gaudís schmiedeeisernes **Drachentor** (S. 103).

Casa Amatller

| Baudenkmal |

Der treppenförmige Giebel und die Bogenfenster verraten Josep Puig i Cadafalchs Vorliebe für mitteleuropäische Baukunst. Das 1900 fertiggestellte Wohnhaus des Schokoladenfabrikanten Antoni Amatller neben der berühmten Casa Batllò ist ein gutes Beispiel für die Handwerkskunst des Modernisme: Im Inneren überraschen aufwendige Holzdecken, schmiedeeiserne Details und bunte Oberlichter. ■ Pg. de Gràcia 41, Tel. 934 617 460, www.amatller.org, tgl. 10–18 Uhr, 19 € (mit Video-Guide und Schokoverkostung, online 15 % Ermäßigung)

Casa Lleó i Morera

| Baudenkmal |

Das mit Balustraden und Erkern geschmückte Eckhaus von Lluís Domènech i Montaner war Anfang des 20. Jahrhunderts das einzige des Modernisme-Ensembles, das der Stadt eine Auszeichnung wert war. Es wurde 1906 mit dem ersten Preis für kunstvolle Gebäude ausgezeichnet. Der üppige Fassadenschmuck aus Löwen und Maulbeerbäumen erinnert an die Namen der Auftraggeber, die katalanische Familie Lleó i Morera. Für die Skulpturen gewann der Architekt mit Eusebi Arnau den herausragendsten Bildhauer seiner Zeit. Eine Innenbesichtigung ist derzeit nicht möglich. ■ Pg. de Gràcia 35, www.casalleomorera.com

Parken

Die 24-Stunden-Tiefgarage Parking Saba Bamsa (für Pkw bis 2 m Höhe) an der Illa de la Discòrdia kostet 3,70 €/Std. ■ Pg. de Gracia, www.saba.es

Im Blickpunkt

Stadt im Quadrat

Quadratisch, praktisch, gut: So stellte sich Ildefons Cerdà (1815–1876) die Neustadt vor. Nach seinen Plänen sollten die 113,33 mal 113,3 Meter großen Quadrate nur an zwei Seiten bebaut werden, mit Gebäuden, die nicht höher als 16 Meter sind und Platz für Menschen aller Schichten bieten. Der Raum dazwischen war Grünflächen vorbehalten. Die Gartenstadt für alle war ein sozialrevolutionärer Gegenentwurf zur chaotischen, engen Altstadt. Doch Barcelonas Bourgeoisie hielt in der zweiten Hälfte des 19. Jahrhunderts nicht viel von egalitärem Gedankengut. Man wollte standesgemäß und individuell residieren und beauftragte eine Riege ehrgeiziger junger Architekten. Der Eixample wurde zur Spielwiese des Modernisme, die Grundstückspreise kletterten mit den Gebäuden um die Wette: Bereits 1872 hatten 90 Prozent der Häuser mehr Stockwerke als vorgesehen, wenig später waren die Quadrate von allen vier Seiten bebaut. Heute ist das Viertel eines der am dichtesten besiedelten Europas.

Restaurants

€–€€ | La Bodegueta Uriges Tapas-Restaurant mit zu Stehtischen umfunktionierten Weinfässern. Für die Patatas Bravas, den Schinken und die Gambas stehen auch Einheimische gern an. ■ Rbla. de Catalunya 100, Tel. 932 154 894, www.rambla.labodegueta.cat, Mo–Fr 7–1.45, Sa 8–1.45, So 18.30–1.45 Uhr

€€ | **Tapas 24** Im Tapas-Restaurant des Vorzeigekochs Carles Abellán ist das Ambiente leger, die Küche bodenständig, aber mit Pfiff. Besonders gut sind die Eiergerichte und der Fisch. ■ C. de la Diputació 269, Tel. 934880977, www.carlesabellan.com, tgl. 9–24 Uhr

50 Museu del Modernisme

Möbel und Gemälde im Modernisme-Stil

■ Metro L1, L2 Universitat
■ C. Balmes 48, Tel. 932722896, www.mmbcn.cat, Di–Sa 10.30–20, So 10.30–14 Uhr, 10 €

Der Gestaltungswillen des Modernisme machte auch vor Möbeln, Fensterbildern, Uhren und anderen Einrichtungsgegenständen nicht halt. In einem ehemaligen modernistischen Wohn- und Fabrikgebäude haben zwei Antiquare Schätze der Epoche zusammengetragen. Empfehlenswert als Ergänzung zu den Klassikern.

51 Universitat

Hinter dem Hauptgebäude der Universität versteckt sich eine Oase

■ Metro L1, L2 Universitat
■ Gran Via de Les Corts Catalanes 585, www.ub.edu

Das von 1863 bis 1872 von Elias Rogent i Amat erbaute Hauptgebäude der ältesten Universität Barcelonas nimmt Stilelemente der Romanik und Gotik auf und verweist so auf die fast 600-jährige Geschichte der von König Alfons dem Großmütigen gegründeten Institution. Ein Blick in die beiden Innenhöfe und eine Pause im hübschen Park hinter dem Foyer lohnt. Unter den Orangenbäumen lässt sich die Großstadthektik vergessen.

 **Sehenswert**

Carrer Enric Granados

| Flaniermeile |
Cafés, Restaurants und sehenswerte Galerien wie die Galeria Marlborough (Nr. 68) oder die ADN Galeria (Nr. 49) haben den Straßenzug zu einem der beliebtesten des Eixample werden

Auf dem Carrer Enric Granados reiht sich ein Café an das nächste

lassen. Besonders angenehm verbringt man den Nachmittag unter Bäumen in den für den Verkehr gesperrten Straßen unterhalb der Plaça Doctor Letamendi.

Restaurants

€–€€ | **Restaurant Flamant** Der Speisesaal des Restaurants ist klassisch-elegant, auch die Küche verzichtet auf Experimente. Empfehlenswerte Mittagsmenüs. ■ C. Enric Granados 23, Tel. 933 23 16 35, www.grupandilana.com, tgl. 13–15.45, 20.30–23 Uhr

€€ | **Cu-Cut** Edel-Bodega mit ausgezeichneten Tapas und gutem Degustationsmenü. Große Weinkarte, gute Beratung, freundlicher Service. ■ C. Enric Granados 68, Tel. 930 27 06 36, www.cu-cut.cat, tgl. 12–2 Uhr

Cafés

Delacrem Exzellente selbst gemachte Eiscreme in einem sympathischen kleinen Eckcafé. Wer nichts Kaltes mag, genießt die köstliche Patisserie. ■ C. Enric Granados 15, Tel. 930 04 10 93, www.delacrem.cat, tgl. 9.30–21.30 Uhr

52 Mercat de Sant Antoni

Die kreuzförmige Markthalle gehört zu den schönsten der Stadt

■ Metro L2 Sant Antoni

■ C. del Comte d'Urgell 1, Tel. 934 26 35 21, www.mercatdesantantoni.com, Mo, Mi, Fr, Sa 9.30–20.30 Uhr

Die Stahl-Backstein-Konstruktion ist nicht nur die größte, sondern auch eine der schönsten Markthallen der Stadt. Entworfen hat sie Antoni Rovira i Trias 1882. Als einer der wenigen Großbauten war sie bereits im ursprünglichen Plan für den Eixample vorgesehen. Während einer Renovierung wurden die Reste der römischen Via Augusta und eines Festungsturms freigelegt. Sie können nach dem Bummel zwischen Obst- und Gemüseständen im Souterrain besichtigt werden. Sonntags findet unter der Pergola ein Büchermarkt statt (www.dominicaldesantantoni.com), inklusive Tauschecke für Sammelbildchen.

Restaurants

€ | La Bodega d'en Rafael Wem die Lokale rund um die Markthalle zu chic sind, der findet hier eine authentisch katalanische Alternative: Das Essen ist einfach und deftig, besonders lecker sind die Kabeljaukroketten. ■ C. de Mansó 52, Tel. 934 42 56 24, labodegadenrafael.dudaone.com, Mo–Sa 7.30–24 Uhr

€ | Dual Café Sympathisches Café-Restaurant am Markt. Das Personal ist freundlich, die Speisekarte macht auch Vegetarier glücklich. ■ C. de Comte Borrell 65, Tel. 937 82 55 22, www.dual-cafe.com, Mo–Sa 8.30–19.30, So 9–17 Uhr

53 Casa Felip

Die Modernisme-Wohnung bietet Einblick in den Alltag des Großbürgertums

■ Metro L1, L3 Urquinaona, L1 Arc de Triomf

■ C. Ausiàs Marc 20, Tel. 670 46 62 60, www.casessingulars.com, Führungen auf Engl. Fr 11 Uhr, 14 €

In der Beletage des von Telm Fernández i Janot 1901 erbauten Modernisme-Hauses residierte eine Industriellenfamilie. Die Kapelle und der Salon im Rokoko-Stil zeugen von großem Repräsentationswillen. Besonders beeindruckend sind die Buntglasfenster des privaten Salons und der monumentale Kamin.

ADAC Wussten Sie schon?

In der **Casa Felip** residierte in den 1990er-Jahren der für seine wilden Partys berüchtigte Kulturclub Cercle Condal. Die Nachbarn waren ob des Lärms so erbost, dass sie Öl auf die Treppen kippten – in der Hoffnung, die Partygänger mögen sich die Beine brechen.

Sehenswert

Espai Volart und Volart 2
| Ausstellungsraum |
In den Lagerhallen der 1904 errichteten Casa Antonia Puget werden Wechselausstellungen zeitgenössischer katalanischer Künstler gezeigt, überwiegend aus der Sammlung der Fundació Vila Casas.

■ C. d'Ausiàs Marc 22, Tel. 934 81 79 85, www.fundaciovilacasas.com, Di–Fr 17–20.30, Sa 11–14, 17–20.30, So 11–14, 5 €

Restaurants

€ | Restaurant Sant Joan Das Traditionslokal trotzt dem Hipster-Trend auf der Passeig Sant Joan: Statt Recycling-Chic kommen wie eh und je Papierserviette und -tischtuch auf den Holztisch, statt Quinoa-Salat gibt es Kichererbsen, Kaninchen mit Knoblauch und andere exzellent zubereitete katalanische Klassiker. Die überwiegend einheimische Klientel weiß das zu schätzen. Tolles Preis-Leistungs-Verhältnis. ■ Passeig de Sant Joan 65, Tel. 932 65 71 80, Mo–Sa 8.30–17 Uhr

Einkaufen

Auf dem Carrer Girona befinden sich zwischen Carrer Casp und Gran Vía de les Corts Catalanes Outlets hochwertiger spanischer Modefirmen wie Nice Things und Etxart & Panno mit preisgünstigen Angeboten. Es gibt aber auch ein Outlet der omnipräsenten Kette Mango.

54 La Monumental

Die ehemalige Stierkampfarena wird gelegentlich als Konzerthalle genutzt

■ Metro L2 Monumental
■ Gran Vía de les Corts Catalanes 749, Tel. 932 45 58 02

Die einzige Jugendstil-Arena der Welt hat mittlerweile ihren ursprünglichen Bestimmungszweck verloren: In Katalonien ist der Stierkampf nämlich seit 2012 verboten. Dabei hatte das blutige Spektakel seinerzeit auch im Nordwesten der Iberischen Halbinsel etliche Anhänger: Die 1914 eröffnete Arena musste deshalb bereits im Jahr 1916 erweitert werden. Die maurischen Zwillingsfenster sind eine Reminiszenz an den damals populären neomaurischen Stil. Die Zukunft der in 26 Reihen knapp 19 600 Zuschauer fassenden Stätte ist ungewiss. Derzeit wird sie gelegentlich als Konzerthalle und Zirkusarena genutzt.

Die Jugendstil-Stierkampfarena La Monumental harrt einer neuen Bestimmung

Am Abend

Statt in Underground-Clubs verlustiert man sich im Eixample eher in Cocktailbars. Als Faustregel gilt: Je höher am Berg, desto distinguierter das Publikum. Um sich hier ins Nachtleben zu stürzen, muss man unter Umständen sein Hotel gar nicht verlassen: Abends öffnen die Bars und Dachterrassen vieler Hotels fürs amüsierwillige Volk. Das uninahe Geviert zwischen Carrer Balmes, Gran Vía de les Corts Catalanes, Comte d'Urgell und Aragón ist wegen der großen Dichte an Gay-Kneipen und Clubs auch als Gayxample bekannt.

Bühne

Teatre Coliseum Im opulenten Saal des 1923 als Kino und Theater eröffneten Hauses werden Musicals, Zauber- und Varietéshows gezeigt. Die Abendkasse öffnet um 17 Uhr. ■ Gran Via de les Corts Catalanes 595, Metro L2, L4 Pg. de Gràcia, Tel. 932159570, www.grupbalana.com

Konzerte

Café Vienés Jazz Club Zwischen den Marmorsäulen des Luxushotels Casa Fuster (S. 79) spielte schon Woody Allen Klarinette – und auch sonst kann sich das Jazzprogramm sehen lassen. ■ Pg. de Gràcia 132, Metro L4, L5 Diagonal, Tel. 932553006, www.hotelescenter.es, jeden Do 21–23 Uhr, ab 20 € mit Verzehr

Jazz Petit Das kleine Lokal hat sich ganz dem Jazz verschrieben und gibt einmal wöchentlich Newcomern eine Chance. ■ C. de Provença 181, FGC Provença, Tel. 633300259, www.jazzpetit.wordpress.com, freier Eintritt

Sala New Fizz Urban Jazz, Stand Up Comedy, Jam Sessions: Mit einem handverlesenen Programm hat sich die kleine Musikkneipe einen Namen gemacht. ■ C. Balmes 83, FGC Provença, Tel. 606880101, Di–Sa 21–3 Uhr

Kneipen, Bars und Clubs

El Nacional Der Glitzerpalast ist eine Hommage an die Roaring Twenties. In vier verschiedenen Bar- und Restaurantbereichen nippen die Gäste am Cava- oder Whiskeyglas. ■ Pg. de Gràcia 24, Metro L2 Pg. de Gràcia, Tel. 935185053, www.elnacionalbcn.com, So–Mi 12–2, Do–Sa 12–3 Uhr

Boca Chica Die wilde Stilmischung aus Ledersofas, Spiegelkabinett und maurischen Fliesen hat sich Barcelonas Stardesigner Lázaro Rosa Violán ausgedacht und begeistert damit nicht nur die Klientel des Restaurants Boca Grande. Umfangreiche Cocktailkarte. ■ Ptge. de la Concepció 12, Metro L3, L5 Diagonal, Tel. 934675149, www.bocagrande.cat/boca-chica, tgl. 17–2 Uhr

Solange Cocktails & Luxury Spirits Cocktailbar im klassischen Chic mit Vintage-Sofas, elegantem Tresen und einer Unmenge Wodka- und Martini-Kreationen auf der Getränkekarte. James Bond stand Pate. ■ C. d'Aribau 143, Metro L5 Hospital Clinic, Tel. 931643625, tgl. 18–2.30 Uhr

Übernachten

Wer gern in großstädtischem Ambiente residiert und die Annehmlichkeiten etablierter Hotels zu schätzen weiß, ist im Eixample richtig: Hier haben die bekannten Hotelketten ihre Filialen. Die meisten Luxushotels befinden sich direkt am Passeig de Gràcia, rund um den Carrer Enric Granados residiert man immer noch sehr edel, aber etwas erschwinglicher.

€€

19 **Casa Bonay** Nostalgische Keramikfliesen, schlichtes, zeitgenössisches Design, offene Lobby und ein Loungebereich mit Wohnzimmercharme: In dem jungen Hotel fühlt man sich fast wie zu Hause. Besonders hübsch sind die Zimmer mit Terrasse. ■ Gran Via de Les Corts Catalanes 700, Tel. 935 45 80 70, www.casabonay.com

Olivia Balmes Hotel Modernes und komfortables Stadthotel mit schickem Swimmingpool auf dem Dach und hellen Zimmern dank bodenhoher (schalldichter) Fenster in der Nähe des Passeig de Gràcia. ■ C. Balmes 117, Tel. 932 14 41 63, www.oliviabalmeshotel.com

Sixtytwo Hotel Boutique-Hotel in einem Eixample-Haus aus dem Jahr 1897. Die Zimmer sind klassisch-modern möbliert, das Frühstücksbüfett offeriert lokale Spezialitäten. Hotelgäste können zu Sonderkonditionen das benachbarte öffentliche Parkhaus nutzen. ■ Pg. de Gràcia 62, Tel. 932 72 41 80, www.sixtytwohotel.com

ADAC Das besondere Hotel

In dem günstigen Boutique-Hotel duftet es nicht nur morgens nach frisch gebackenen Croissants: **The Bakery** teilt Foyer und Frühstücksraum mit der stadtbekannten Bäckerei Baluard. So kann man beim Einchecken gleich schon überlegen, welche Köstlichkeiten man morgens zum Frühstück verzehrt. Der Blick in die Backstube macht Appetit! Die kleinen Zimmer sind schlicht und funktional. Wer aufregenderes Design will, braucht nur ein paar Schritte zu gehen: Gaudís La Pedrera liegt direkt nebenan.

€€ | C. de Provença 279, Tel. 934 88 00 61, www.hotelpraktikbakery.com

Rund um den Museumsberg Montjuïc

Auf dem 214 Meter hohen Hügel am Meer befinden sich einige der sehenswertesten Museen der Stadt – und die schönsten Parks

Mit der Dichte an Sehenswürdigkeiten in der Altstadt oder im Eixample können die Viertel rings um den Montjuïc nicht mithalten. Aber Poble Sec, Sants und Hostafrancs haben ihren ganz eigenen Charme und erzählen ebenso viel über Barcelona wie Gaudí und Co. Die während der Industrialisierung entstandenen »Kleine-Leute-Viertel« pflegen ihre Traditionen und das nachbarschaftliche Miteinander. Tourismus ist hier lediglich eine Randerscheinung. Für Fußballfans gehört ein Besuch im Camp Nou, dem größten europäischen Stadion, zum Pflichtprogramm. Wer neben dem Sport auch ein Faible für Kunst und Kultur hat, erklimmt den 213 Meter hohen Hausberg Montjuïc: Ein Besuch des ehemaligen Geländes der Weltausstellung 1929 und der Olympischen Spiele 1992 lohnt nicht nur wegen der erstklassigen Museen, sondern auch wegen der tollen Aussicht auf Stadt und Meer.

In diesem Kapitel:

ADAC Top Tipps:

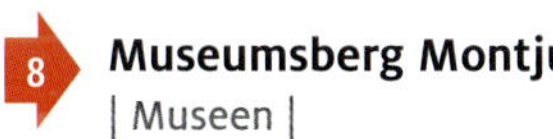

8 **Museumsberg Montjuïc**
| Museen |

Das Gelände der Weltausstellung beherbergt einige der sehenswertesten Museen der Stadt und belohnt Kulturinteressierte mit einem tollen Blick über die Stadt und lauschigen Parks. Hier bekommt man beides im Überfluss: Kultur und Natur. 94

9 **Camp Nou**
| Stadion |

Als Ausdruck katalanischen Selbstbewusstseins ist der FC Barcelona »més que un club«, mehr als ein Club – und sein Stadion Pilgerstätte für Sportfans aus aller Welt. Das Museum huldigt der glorreichen Geschichte des Vereins mit viel Multimedia. 102

ADAC Empfehlungen:

Museu Nacional d'Art de Catalunya (MNAC)

| Museum |

2000 Jahre katalanische Kultur im Pavillon der Weltausstellung von 1920: von romanischen Fresken bis zur klassischen Moderne. 95

Jardins de Laribal

| Park |

Im romantischen Garten unterhalb des Miró-Museums lässt sich wunderbar vom Touristenrummel verschnaufen. 97

Monestir de Pedralbes

| Kloster |

Das von Königin Elisenda de Montcada gestiftete Kloster gehört zu den gelungensten Bauwerken der katalanischen Gotik. 103

55 Museumsberg Montjuïc

Barcelonas Hausberg bietet Kultur und Natur satt

Die Plaça d'Espanya mit dem Denkmal »España Ofrecida a Dios«

Information

- Metro L1, L3 Pl. d'Espanya. Von dort fährt der Bus 150 alle wichtigen Punkte an
- Parken: S. 97

Erstklassige Museen, herrliche Aussicht und Entspannung

Barcelona ist eine Tochter des Montjuïc: Ursprünglich war der 214 Meter hohe Hügel eine vorgelagerte Insel. An ihren Ufern blieben Sedimente hängen und bildeten die Ebene, auf der später die Stadt gebaut wurde. Das Gestein dafür schlug man aus dem Montjuïc. Seinen von »mont jueu« (Judenberg) abgeleiteten Namen hat der Berg von einem mittelalterlichen jüdischen Friedhof. Umgestaltet wurde er für die Weltausstellung 1929 und die Olympischen Spiele 1992.

Sehenswert

Font Màgica

| Brunnen |

Der zur Weltausstellung 1929 eröffnete Brunnen gilt noch immer als Meisterwerk der Technik: Zu Klängen aus Pop und Klassik tanzen bunt angestrahlte Fontänen.

Plan S. 98

■ Pl. de Carles Büigas 1, Metro L1, L3 Pl. d'Espanya, www.bcn.es/fontmagica, Nov.–Jan., März Do–Sa 20, 20.30, April, Mai, Okt. Do–Sa 21, 21.30, Juni–Sept. Mi–So 21.30, 22 Uhr

b Pavelló Mies van der Rohe

| Baudenkmal |

Mit seinen klaren Formen und den Materialien Glas, Stahl und Marmor gilt der von Mies van der Rohe (1886–1969) entworfene deutsche Pavillon als Meisterwerk der Moderne. Das Original wurde nach der Weltausstellung abgerissen und 1986 originalgetreu rekonstruiert.

■ Av. Francesc Ferrer i Guàrdia 7, Bus 150 Av. Ferrer i Guàrdia – Mèxic, Tel. 93215 1011, www.miesbcn.com, März–Okt. 10–20, Nov.–Feb. 10–18 Uhr, 5 €

c Poble Espanyol

| Museumsdorf |

Die 117 Häuser, Plätze und Kirchen sollten den Besuchern der Weltausstellung Spaniens architektonische Vielfalt vor Augen führen. Heute guckt man in offenen Werkstätten Handwerkern über die Schultern oder verlustiert sich in Restaurants und Bars.

■ Av. Francesc Ferrer i Guàrdia 13, Bus 150 Poble Espanyol, Tel. 935086300, www.poble-espanyol.com, Mo 9–20, Di–Do, So 9–24, Fr 9–3, Sa 9–4 Uhr, 14 € (online 12,60 €), ab 20 Uhr 7 € (online 6,30 €)

d Museu Nacional d'Art de Catalunya (MNAC)

| Museum |

20 *Streifzug durch 1000 Jahre katalanische Kunst*

Die Sammlung romanischer Kunst (11.–13. Jh.) gehört zu den weltbesten, aber auch wegen der Mittelalter- und Renaissancekunst lohnt der Besuch des im pompösen Palast der Weltausstellung von 1929 untergebrachten Museums. Die Sammlung zur Moderne und Avantgarde räumt der Fotokunst besonderen Raum ein.

■ Bus 55 Museu Nacional d'Art de Catalunya/Museu Etnològic, Bus 150 Av. de l'Estadi/Piscines Picornell, Tel. 936220360, www.museunacional.cat, Okt.–April Di–Sa 10–18, So 10–15, Mai–Sept. Di–Sa 10–20, So 10–15 Uhr, 12 € (Sa ab 15 Uhr frei)

ADAC Wussten Sie schon?

Die **Friedensglocke** zwischen Stadion und Schwimmbad war ein Geschenk der deutschen Regierung. Die in Karlsruhe gegossene Glocke läutet seit 1992 täglich um 12 und um 19 Uhr als Mahnung für Freiheit und Frieden.

e Museu Olímpic i de L'Esport

| Museum |

Mit Hightech und interaktiven Exponaten versucht das Museum, die Olympischen Spiele von 1992 erlebbar zu machen. Zu sehen sind u. a. Medaillen und Fotos von Wettkampfszenen. Wer die Originalschauplätze direkt sehen will, erkundet entlang der Avigunda de l'Estadi den olympischen Ring. Das Stadion (Eintritt kostenlos) wurde bereits 1929 erbaut, die Piscines Picornell in den 1970er-Jahren: Für die Olympischen Spiele renovierte man beides komplett. Der schildkrötenartige Palau Sant Jordi stammt vom Japaner Arata Isozaki, den markanten Fernmeldeturm hat Santiago Calatrava entworfen.

■ Av. de l'Estadi 60, Bus 13 Pg Olímpic, Tel. 932925379, www.museuolimpicbcn.cat, Okt.–März Di–Sa 10–18, So 10–14.30, April–Sept. Di–Sa bis 20 Uhr, 5,80 €

f Jardí Botànic

| Botanischer Garten |

Im 1999 eröffneten Botanischen Garten wachsen auf einer Fläche von 14 Hektar rund 1500 Pflanzenarten aus fünf verschiedenen Regionen der Welt mit mediterranem Klima – neben dem europäischen Mittelmeerbecken auch Australien, Kalifornien, Chile und Südafrika. Der Jardí Botànic, der einen wunderschönen Blick auf Barcelona und die olympischen Sportstätten des Montjuïc bietet, gilt als ein Beispiel gelungener Landschaftsarchitektur.

■ C. del Doctor Font i Quer 2, Bus 150 Av. de l'Estadi-Estadi Olímpic, Bus 55 Viver Tres Pins, Tel. 932564160, www.museuciencies.cat, Nov.–Jan. tgl. 10–17, Feb., März tgl. 10–18, April, Mai, Sept., Okt. 10–19, Juni–Aug. 10–20 Uhr, 3,50 €, Kombiticket (entweder Museu Blau oder Castell de Montjuïc) 7 €

g Fundació Joan Miró

| Museum |

Das von dem Architekten Josep Lluís Sert (1902–1983), einem Freund Joan Mirós, entworfene Museum wurde noch zu Lebzeiten des Künstlers eröffnet. Es bietet Platz für 14 000 seiner Werke und liefert einen umfassenden Überblick über Leben und Werk Mirós, von Gemälden über Objekte bis zu Zeichnungen. Besonders hübsch: der Skulpturengarten, von dem aus man den Blick auf die Stadt genießen kann.

■ Av. Miramar, Funicular Montjuïc (über Metro L2, L3 Paral·lel), Bus 150 Av. Miramar/Fundació Joan Miró, Tel. 934439470, www.fmirobcn.org, Nov.–März Di–Sa 10–18, So 10–15, April–Okt. Di–Sa 10–20, So 10–18 Uhr, 13 € (1. So im Monat und So ab 15 Uhr Eintritt frei)

Gefällt Ihnen das?

Dann werfen Sie doch auch einen Blick auf das Bodenmosaik auf den **Rambles** (S. 23) und statten der Skulptur »Dona i Ocell« im **Parc Joan Miró** (S. 101) einen Besuch ab. Falls Sie mit dem Flugzeug abreisen, können Sie auf der Fassade des alten Terminalgebäudes **T2** einen weiteren Miró bewundern.

Jardins de Laribal

| Park |

Zauberhafter Stadtgarten mit romantischen Details

Mit sprudelnden Brunnen, blumenumrankten Pergolen, verwitterten Stufen und duftenden Rosenbeeten erfüllt der für die Weltausstellung 1929 angelegte Garten die klassischen Vorstellungen von Romantik. Der Katzenbrunnen »Font del Gat« ist fest im kollektiven Gedächtnis verankert. Das gleichnamige Restaurant (Pg. Santa Madrona 28, www.lafontdelgat.com) hat eine idyllisch gelegene Terrasse und eine annehmbare Karte.

■ Pg. de Santa Madrona 2, Bus 150 Fundació Miró

Castell de Montjuïc

| Festung |

Die Burg auf dem Montjuïc galt lange als Symbol der Unterdrückung: Im 17. Jahrhundert von Philipp IV. errichtet, hielt man nach dem Spanischen Erbfolgekrieg von hier aus die aufmüpfigen Katalanen in Schach. Unter Franco diente die Festung als Gefängnis und Hinrichtungsstätte: Hier wurden mehrere katalanische Sozialisten und Politiker erschossen, darunter auch der katalanische Präsident Lluís Companys (1882–1940). Eine Ausstellung erzählt die wechselvolle Geschichte des Hausbergs von Barcelona.

■ Ctra. de Montjuïc 66, Bus 150 Castell oder Telefèric de Montjuïc, www.telefericdemontjuic.cat, 12,50 € Hin- und Rückfahrt oder mit Transbordador Aeri, www.telefericodebarcelona.com, 11 €, vom Hafen zum Aussichtspunkt Miramar, von dort zu Fuß weiter, Tel. 932 56 44 45, www.bcn.cat/castell, Nov.–März 10–18, April–Okt. 10–20 Uhr, 5 € (1. So im Monat und So ab 15 Uhr Eintritt frei)

Im Blickpunkt

»À la ville de ... Barcelone!«

Den Ausruf des in Barcelona geborenen Präsidenten des Olympischen Komitees Juan Antonio Samaranch haben viele Barceloner noch ebenso im Ohr wie Freddy Mercurys und Montserrat Caballés mitreißende »Barcelona«-Hymne. Kaum ein Ereignis hat die Stadt so nachhaltig verändert wie die 25. Olympischen Sommerspiele im Jahr 1992. Unter der Federführung des Architekten Oriol Bohigas (* 1925) wagte man eine Runderneuerung der Stadt. Der innerstädtische Verkehr wurde umgeleitet, ein Industrieviertel in das heute als Wohngebiet begehrte olympische Dorf verwandelt, und die Stadt öffnete sich zum Meer hin: Wo vormals Zuggleise den direkten Zugang zum Wasser versperrten, zieht sich heute eine Promenade entlang. Und die Installationen am Anell Olímpic werden auch heute noch für Sportveranstaltungen und Konzerte genutzt.

Parken

Neben dem MNAC und am Castell de Montjuïc (Einfahrt C. del Tarongers) sind kostenlose Parkplätze. Nahe der Font Màgica befindet sich eine städtische Park+Ride-Tiefgarage für Fahrzeuge bis 2 Meter Höhe (3,50 €/Std., 41,45 € für 13–24 Std., nur über Nacht 19,15 €). ■ Parking Rius i Taulet, Av. Reina Maria Cristina 16, Tel. 934 23 53 61, www.aparcamentsbsm.cat

Restaurants

€€€ | Martínez Mit Blick auf Hafen und Stadt genießt man hervorragenden Fisch. ■ Ctra. de Miramar 38, Telefèric oder Metro L2, L3 Paral·lel, 15 Min. zu Fuß, Tel. 931066052, www.martinezbarcelona.com, tgl. 13–1.30 Uhr, Plan S. 98 d4

€ | Caseta del Migdia Auf dem Grill brutzeln »butifarres«, dazu gibt's Bier und Chill-out-Musik. ■ Bus 150 Can Valero/Pg. del Migdia oder Funicular de Montjuïc (15 Min. zu Fuß), Tel. 617956572, www.lacaseta.org, im Winter nur am Wochenende, Plan S. 98 a5

Kinder

Theater, Basteln und Erkundungstouren: Familimiró der **Fundació Joan Miró** (S. 96) hat Angebote für alle Altersgruppen. ■ ab 6 € pro Kind

Events

Sala Montjuïc Im Juli verwandelt sich der Burggraben der Festung in ein Open-Air-Kino. Picknick mitbringen! ■ Ctra. de Montjuïc 66, Tel. 933023553, www.salamontjuic.org, Einlass 20.30 Uhr, Filmbeginn 22 Uhr, 6,50 €, Plan S. 98 b5

8 55a – 55i Museumsberg Montjuïc

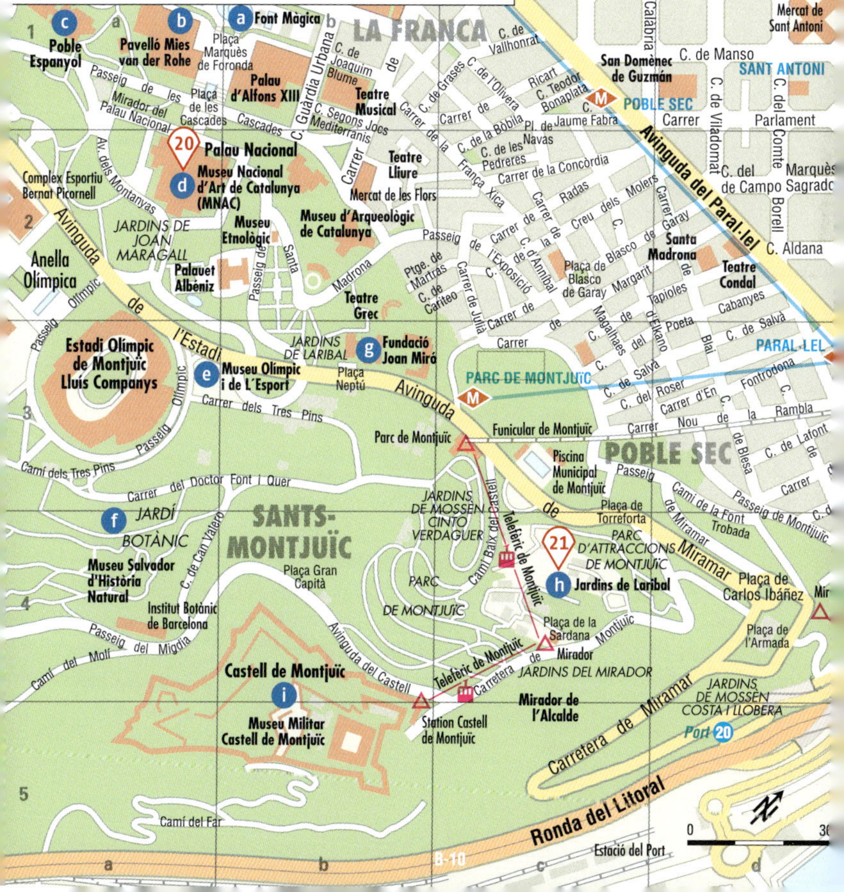

56 CaixaForum

Sehenswerte Ausstellungen in einer alten Modernisme-Fabrik

■ Metro L1, L3 Pl. d'Espanya, Bus 150 Av. Ferrer i Guàrdia – Mèxic
■ Av. de Francesc Ferrer i Guàrdia 6–8, Tel. 934 76 86 00, www.caixaforum.es, tgl. 10–20, Juli, Aug. Mi bis 23 Uhr, 5 €

Die 1912 vom Modernisme-Baumeister Josep Puig i Cadafalch erbaute imposante Fàbrica Casaramona, in der Textilien hergestellt wurden, zählt zu den bedeutendsten Industriebauten der Stadt. Als eine der ersten Fabriken überhaupt kam der Ziegelsteinbau ohne Schlote aus, da die Maschinen elektrisch betrieben wurden. Heute zeigt die Sparkassenstiftung La Caixa auf 12 000 Quadratmetern sehenswerte Ausstellungen von Film über Architektur bis zu Fotografie und präsentiert Schauen aus dem eigenen Fundus an moderner und zeitgenössischer Kunst.

Kinder

Am Wochenende gibt es im CaixaForum regelmäßig Kinofilme für Kinder und Konzerte – von Swing bis Perkussion. ■ Im Internet unter CaixaForum Kids reservieren, ab 4 €

57 MUHBA Refugi 307

Luftschutzbunker aus dem spanischen Bürgerkrieg

■ Metro L2, L3 Paral·lel, Bus 121
■ C. Nou de la Rambla 175, Tel. 932 56 21 00, www.museuhistoria.bcn.cat, Führungen auf Engl. So 10.30 Uhr, 3,50 €, nur mit Voranmeldung

ADAC Mobil

Mit 308 Kilometer Radwegen mausert sich Barcelona zur **Fahrradstadt**. Laut einer Untersuchung kommt man auf zwei Rädern inzwischen schneller durch die Stadt als mit dem Bus. Die im Stadtbild omnipräsenten rot-weißen Räder des »Bicing«-Service stehen nur Abonnenten zur Verfügung. Wer als Tourist die Stadt mit dem Rad erkunden will, kann auf Verleihe oder Shared-Mobility-Anbieter wie www.donkey.bike oder www.scoot.co zurückgreifen. Die Räder werden per App entsperrt und nach Gebrauch einfach am Straßenrand abgestellt.

Mit Platz für 2000 Menschen, einer Krankenstation und Trinkwasserversorgung zählte der Luftschutzbunker zu den größten der Stadt. Anwohner gruben über 400 Meter lange Gänge, um sich während des Bürgerkriegs vor Bombardements zu schützen.

Sehenswert

Carrer Blai
| Flaniermeile |
Mit den schnurgeraden steilen Straßen und den sich von Balkon zu Balkon unterhaltenden Nachbarn hat sich Poble Sec den Charme eines traditionellen Arbeiterviertels bewahrt – und kombiniert ihn mit mediterranem Savoir-vivre. Der Carrer Blai hat sich in den letzten Jahren in eine quirlige Fußgängerzone verwandelt, in der sich Tapas-Bar an Bodega reiht. Im Carrer Poeta Cabanyes 95 wurde der katalanische Sänger und Dichter Joan Manuel Serrat (* 1943) geboren.

Restaurants

€ | La Esquinita de Blai Die »pintxos«, nach baskischem Vorbild aufgespießte Köstlichkeiten, sind einen Tick elaborierter als anderswo und umfassen auch Mini-Burger, Fajitas und Co. Abgerechnet wird nach Spieß. ■ C. de Blai 16, Tel. 931889203, www.esquinitadeblai.com, So–Do 9–1.30, Fr, Sa bis 2.30 Uhr

€€ | Quimet y Quimet An den Wänden des Traditionsladens stapeln sich Spirituosen, am Tresen werden Köstlichkeiten wie Lachs mit getrüffeltem Honig serviert. ■ C. Poeta Cabanyes 25, Tel. 934423142, Mo–Fr 12–16, 19–22.30 Uhr

58 El Paral·lel

Barcelonas ehemaliger Broadway erfindet sich neu

■ Metro L1, L3 Paral·lel

Der Boulevard galt von Anfang des 19. Jahrhunderts bis nach dem Bürgerkrieg als Broadway Spaniens. An die glorreiche Vergangenheit erinnert die populäre Sala Apolo an der Ecke zum Carrer Nou de la Rambla, der wiedereröffnete Vergnügungstempel El Molino am Carrer Vila i Vila im Stil des Pariser Moulin Rouge und eine Bronzestatue der Couplet-Sängerin Raquel Meller. Unter der Regie der Brüder Adrià erfindet sich der obere Bereich des Paral·lel als Gourmetbezirk neu.

Restaurants

€€ | Lolita Taperia Geflieste Wände, Neonlicht und ein knallvoller Tresen: Das Lokal modernisiert gekonnt den Dreiklang der spanischen Tapas-Bar. Neben exzellent zubereiteten Klassikern gibt es katalanische Originale wie Kaninchen. ■ C. Tamarit 104, Tel. 934245231, www.lolitataperia.com, Di–Do 20–24, Fr, Sa 13–16, 20–2.30 Uhr

€€€ | Tickets Wer einmal Ferran Adriàs sphärisierte Oliven probieren will, ist hier richtig. Bruder Albert kocht Rezepte aus dem El Bulli nach und kombiniert sie mit eigenen Kreationen. Das Ambiente ist – passend zur kulinarischen Show auf dem Tisch – einem Varieté nachempfunden. Nur mit Reservierung. ■ Av. de Paral·lel 164, www.ticketsbar.es, Di–Fr 18.30–22.30, Sa 13–15, 19–22.30 Uhr

Im Blickpunkt

Molekularküche 2.0

Wenn heute irgendwo auf der Welt ein ambitionierter Koch Kartoffelschaum aus dem Siphon drückt oder zum Dessert heißes Eis serviert, liegt das mit Sicherheit an Ferran Adrià (* 1962). Der Erfinder der Molekularküche hat die Gastronomie weltweit revolutioniert. Auf der Suche nach neuen Zubereitungsarten experimentierte der Autodidakt mit Stickstoffflasche, Gefriertrockner und anderem Hightech-Gerät und hinterfragte so kulinarische Gewohnheiten. 2011 schloss das legendäre Drei-Sterne-Restaurant El Bulli; gemeinsam mit seinem Bruder Albert widmet sich Ferran Adrià der Forschung und neuen Projekten: Im 2017 eröffneten Enigma (www.enigmaconcept.es) wandeln Gäste durch die unterschiedlichen Ambiente einer 700 Quadratmeter großen Erlebniswelt.

Parc Joan Miró mit der bunten Skulptur »Dona i Ocell« des Meisters

59 Parc Joan Miró

Ältester Stadtpark des modernen Barcelona

■ Metro L1, L3 Pl. d'Espanya

Der Stadtpark auf dem Gelände des ehemaligen Schlachthofs galt bei seiner Eröffnung 1983 als Musterbeispiel moderner Landschaftsarchitektur und genügt mit Wiesen, Wasserbassin, zentralem Versammlungsplatz und einem von Dattelpalmen beschatteten Bereich den unterschiedlichsten Bedürfnissen.

Sehenswert

Dona i Ocell

| Skulptur |

Die mit bunter Bruchkeramik verzierte 22 Meter hohe, bunte Skulptur war eines der letzten großen Werke von Joan Miró. Der Künstler beendete es 1982 ein Jahr vor seinem Tod. Die in einem Wasserbassin stehende Skulptur »Frau und Vogel« bildet zusammen mit dem Mosaik auf den Rambles und der Fassade des alten Flughafenterminals die den Besuchern der Stadt gewidmete Barcelona-Trilogie des Künstlers.

Einkaufen

Arenas de Barcelona Das von Richard Rogers gestaltete Einkaufszentrum in der ehemaligen Stierkampfarena im maurischen Stil versammelt auf drei Etagen 115 Läden, überwiegend Filialen großer Modeketten. Von der Dachterrasse (mit Restaurants) hat man abends einen schönen Blick auf den magischen Brunnen. ■ Gran Via de les Corts Catalanes 373–385, Tel. 932 89 02 44, www.arenasdebarcelona.com, Mo–Sa 10–22 Uhr, Gastrobereich bis 1 Uhr

Kinder

Vor der öffentlichen Bibliothek Joan Miró an der Ostseite des Parks gibt es eine 20 Meter lange Seilrutsche.

60 Camp Nou

Das Vereinsmuseum des FC Barcelona lockt viele Besucher

■ Metro L3 Les Corts/Maria Cristina
■ C. Aristides Maillol, www.fcbarcelona.cat, Mai–Okt. tgl. 9.30–19.30, Nov.–April Mo–Sa 10–18.30, So 10–14.30 Uhr, an Spieltagen eingeschränkt, 29,50 € (online 26 €), Aufpreis für Camp Nou Experience

Das 1957 errichtete Camp Nou ist mit 99 000 Sitzen (nach Umbau 105 000) das größte Fußballstadion Europas und kann im Rahmen der Camp Nou Experience besichtigt werden. Nach dem Besuch des Museums, in dem der Vereinsgeschichte gehuldigt wird, gelangen Besucher über Pressebereich und Umkleidekabine der Auswärtsmannschaft ins Innere des Stadions. Wer tiefer in den Alltag der Superstars eintauchen will, erlebt im VR-Bereich ein virtuelles Training und Match. Derzeit wird das Areal umgebaut.

61 Palau Reial de Pedralbes

Residenz des Gaudí-Mäzens Eusebi Güell

■ Metro L3 Palau Reial, Tram Palau Reial
■ Av. Diagonal 686, tgl. 10 Uhr–Sonnenuntergang

Das im Stil der Neorenaissance umgestaltete Anwesen der Familie Güell, die auf den Landsitz Can Feliu (17. Jh.) zurückgeht, diente als Königsresidenz und ist heute Sitz der Union für das Mittelmeer. Der Park mit Brunnen und Pavillons lädt zum Flanieren ein.

Pilgerstätte für jeden Fußballfan: Camp Nou, Heimstadion des FC Barcelona

Sehenswert

Pavellons de la Finca Güell

| Baudenkmal |
Die von 1883 bis 1887 erbauten Ställe und Betriebsgebäude zählen zu den ersten Auftragsarbeiten Gaudís. Häuser und Gärten haben schon bessere Zeiten gesehen. Beeindruckend ist der schmiedeeiserne Drache am Portal, der beim Öffnen seine Klauen bewegt.
■ Av. de Pedralbes 7, Tel. 932 56 25 04, www.portalgaudi.cat, Führung (engl.) nach Anmeldung Sa, So 10.15, 12.15 Uhr

Events

Festival de Pedralbes Im Juni und Juli verwandeln sich die Gärten in eine großartige Kulisse für das mit internationalen Stars aus Jazz, Klassik, Rock und Folklore hochkarätig besetzte Festival. ■ www.festivalpedralbes.com

62 Monestir de Pedralbes

Klarissenkloster hoch über der Stadt

■ Metro L3 Palau Reial
■ Baixada del Monestir 8, Tel. 932 56 34 34, http://monestirpedralbes.bcn.cat, April–Sept. Di–Fr 10–17, Sa 10–19, So 10–20, Okt.–März Di–Fr 10–14, Sa, So 10–17 Uhr, 5 €

Das von Königin Elisenda de Montcada 1327 gegründete Klarissenkloster gilt als Musterbeispiel aragonisch-katalanischer Gotik. Besonders sehenswert sind die Sankt-Michaels-Kapelle mit Altarbildern von Ferrer Bassa und der Kreuzgang. Im Schatten der Palmen verfliegt die Großstadthektik.

Im Blickpunkt

Der FC Barcelona: »més que un club«

Der Futbol Club Barcelona gehört mindestens so sehr zum katalanischen Selbstverständnis wie das »pa amb tomàquet« (Brot mit Tomate). Das liegt nicht nur an der beeindruckenden Trophäensammlung des spanischen Rekordmeisters und mehrfachen Champions-League-Siegers, sondern vor allem an seiner Geschichte. Immer wieder mischte sich der 1899 vom Schweizer Hans Gamper gegründete Club in die Geschicke des Landes ein – etwa als Fürsprecher einer katalanischen Autonomie oder mit sozialpolitischem Engagement. Diktator Franco beäugte den katalanischen Verein und seine Anhänger argwöhnisch. Der als regimetreu verschriene Hauptstadtclub Real Madrid wurde zum Gegenpol des FC Barcelona – und ist es bis heute: Wenn die beiden Rivalen beim Clásico antreten, hält die ganze Stadt den Atem an. Mit 153 500 Mitgliedern ist der FC Barcelona schließlich der drittgrößte Sportverein der Welt.

Restaurants

€€ | **El Jardi de l'Abadessa** Ausflugsrestaurant mit klassischer mediterraner Küche und weitläufigem Garten zum Entspannen. ■ C. Abadessa d'Olzet 26, Tel. 932 80 37 54, www.jardiabadessa.com, Mo–Fr 8–17, 20.30–1.30, Sa 12.30–17, 20.30–1.30, So 12.30–17 Uhr

Am Abend

Das Paral·lel knüpft an seine Tradition an und versucht seit einigen Jahren, sich wieder als Ausgeh- und Theatermeile zu etablieren. Wer sich davor oder danach stärken will, findet rings um den Carrer Blai Kneipen und Bars, oft urig, nie überkandidelt. Nahrung für den Geist finden Besucher im Theaterdistrikt rund um den Mercat de les Flors am Montjuïc. Sants ist als Wohn- und Geschäftsviertel für Ausgehwillige eher unspektakulär.

Bühne

Barts Von Konzerten über Theater bis zu Zaubershows und Plattenpräsentationen: Das Programm ist breit gefächert, die Akustik und die technischen Möglichkeiten der beiden Säle sind exzellent. ■ Av. del Para·lel 57–59, Metro L2, L3 Paral·lel, Tel. 933 24 84 92, www.barts.cat

Teatre Condal Musical- und Comedy-Produktionen, fast nur auf Katalanisch oder Spanisch. ■ Av. del Para·lel 91, Metro L2, L3 Paral·lel, Tel. 934 42 31 32, www.teatrecondal.cat

Teatre Grec Das 1929 in einen ehemaligen Steinbruch im Montjuïc hineingebaute Amphitheater im griechischen Stil verwandelt sich im Sommer in eine der beliebtesten Open-Air-Bühnen der Stadt – mit Gastspielen aus aller Welt. ■ Pg. de Santa Madrona, Metro L1, L3 Pl. d'Espanya, Tel. 933 16 10 00, www.barcelona.cat/grec

Teatre Lliure Die zeitgenössischen Inszenierungen sind überwiegend auf Katalanisch, aber regelmäßig finden sich auch Gastspiele europäischer Avantgardebühnen auf dem Programm. ■ Pg. de Santa Madrona 40, Metro L1, L3 Pl. d'Espanya, Tel. 932 89 27 70, www.teatrelliure.com

Konzerte

Gran Bodega Saltó Zwischen riesigen Weinfässern spielen lokale Rumba-Bands. Urige Kneipe, authentisches Ambiente. ■ C. de Blesa 36, Metro L2, L3 Paral·lel, Tel. 934 41 37 09, www.bodegasalto.net, Mo–Do ab 19, Fr–So ab 12 Uhr

Kneipen, Bars und Clubs

Apolo Der altehrwürdige Tanzsaal mit der Empore begeistert seit Generationen. Gespielt wird je nach Wochentag Indie, Rock, Elektronik oder Livemusik. ■ C. Nou de la Rambla 111, Metro L2, L3 Paral·lel, Tel. 934 41 40 01, www.sala-apolo.com

La Confiteria In der ehemaligen Modernisme-Confiserie nippt man heute an Longdrinks oder hauseigenem Wermut. ■ C. de Sant Pau 128, Metro L2, L3 Paral·lel, Tel. 931 40 54 35, Mo–Do 19–3, Fr 18–3, Sa, So 17–3 Uhr

Tinta Roja Im vorderen Bereich eine charmante Mischung aus Varieté und Kunst-Café, im Saal dahinter zeigen Akrobaten und Comedians ihr Können. Günstige und gute Alternative zu den etablierteren Häusern. ■ C. de la Creu dels Molers 17, Metro L3 Poble Sec, Tel. 934 43 32 43, www.tintaroja.cat, Mi–Sa ab 20.30 Uhr

Übernachten

Die Hotels in Sants und entlang des Paral·lel punkten mit Funktionalität und verkehrsgünstiger Lage. Der Bahnhof Sants und die Nähe zu den Messegeländen an der Plaça d'Espanya bzw. der neuen Fira machen die Viertel vor allem bei Geschäftsreisenden beliebt.

Smart Room Barcelona Umweltschutz und Hightech gehen hier Hand in Hand. Die Einrichtung ist energieeffizient, auf den Zimmern gibt es Smart-TV und High-Speed-Internet. Wer mag, leiht sich an der Rezeption ein iPad für touristische Erkundigungen. ■ C. d'Olzinelles 56, Tel. 644 95 12 48, www.smartroombarcelona.com

€€

Ayre Hotel Gran Via Metro- und Buslinien liegen direkt vor der Tür, die Zimmer sind sauber und funktional. Von den oberen Stockwerken überblickt man die Stadt. ■ Gran Via de Les Corts Catalanes 322–324, Tel. 933 67 55 00, www.ayrehoteles.com

Barceló Sants Das Hotel liegt sehr verkehrsgünstig direkt über dem Bahnhof und wartet mit avantgardistisch designten großen »Raumschiff«-Zimmern auf. Reichhaltiges Frühstücksbüfett. ■ Pl. dels Països Catalans, Tel. 935 03 53 00, www.barcelo.com

Catalonia Rigoletto In dem funktionalen Betonbau im unspektakulären Viertel Les Corts verbergen sich komfortable und ruhige Zimmer. Das Fußballstadion Camp Nou liegt fast um die Ecke, Tram-, Bus- und Metrolinien ebenso. Kleiner Swimmingpool auf dem Dach. ■ C. Sabino de Arana 22–24, Tel. 933 39 19 99, www.hoteles-catalonia.com

Gran Hotel Torre Catalunya Neben der verkehrsgünstigen Lage am Bahnhof Sants punktet der Hochhausturm mit Aussicht und komfortablen Räumen, die teils zu Familienzimmern zusammengelegt werden können. ■ Av. de Roma 2–4, Tel. 932 20 35 19, torrecatalunya.expohotels.com

Hotel Nuevo Triunfo Die Zimmer sind zwar etwas klein, dafür funktional, sauber und ruhig. Verkehrsgünstig am Fuß des Montjuïc gelegen. Gutes Preis-Leistungs-Verhältnis. ■ C. Cabanes 34, Tel. 933 29 11 04, www.hotelnuevotriunfo.com

€€€

Hotel Brummell Das Boutique-Hotel kombiniert skandinavisches Design mit mediterranem Charme und hat sich so in kurzer Zeit zur ersten Adresse im Poble Sec gemausert. Mit kleinem Pool auf der Terrasse. ■ C. Nou de la Rambla 174, Tel. 931 25 86 22, www.hotelbrummell.com

Hotel Grums Angenehmes, zeitgenössisches Hotel am Fuß des Montjuïc, nur 300 Meter vom Hafen entfernt. Die Zimmer sind geräumig und haben zum Teil Balkon oder Terrasse. Innenpool und Lounge. ■ C. de Palaudàries 26, Tel. 934 42 06 66, www.hotelgrumsbarcelona.com

Parks, Hightech und Solitäre abseits

Als Experimentierfeld für Stadtplaner und Architekten sind Barcelonas Außenbezirke einen Ausflug wert

Im Rücken die Berge, vor sich das Meer: Barcelonas Wachstum waren schon immer enge topografische Grenzen gesetzt. Wenn die Stadt sich ausdehnt, dann nur in die Breite. Anfang des Jahrtausends entstand im Nordwesten der Stadt anlässlich des Forums der Kulturen der Welt ein neues Viertel, im gleichen Atemzug modelte man auch das Arbeiterviertel Poblenouum – mit der Unterstützung prominenter Architekten. Deren Gestaltungswillen erstreckt sich nicht nur auf Bauwerke, sondern auch auf Grünflächen. Einige der modernen Parks gelten als Musterbeispiele für gelungenen Landschaftsbau. Doch auch die historischen Grünanlagen wie der Parc del Laberint oder der Park Güell stehen ihnen in nichts nach. Im Gegenteil: Sie punkten mit faszinierenden Ausblicken über die Stadt. Auch für Kulturliebhaber gibt es in den Außenbezirken Barcelonas Spannendes zu entdecken – mit wesentlich weniger Gedränge und Schlangestehen und um ein Vielfaches ruhiger als in der Innenstadt.

In diesem Kapitel:

ADAC Top Tipps:

Park Güell
| Park |
Von der Gartenstadt, die Antoni Gaudí und sein Mäzen Eusebi Güell im Nordwesten von Barcelona bauen wollten, steht heute nur noch ein kleiner Teil. Doch der ist weltberühmt: Die Aussichtsterrasse mit den mit Bruchkeramik verzierten, gewundenen Bänken und die mosaikbesetzte Eidechse begeistern Modernisme-Fans. Auch in Sachen Nachhaltigkeit ist die historische Anlage wegweisend. 114

ADAC Empfehlungen:

Parc del Laberint
| Park |
Ein Park für Romantiker: Im Herzen des klassizistischen Labyrinths zieht Eros seinen Pfeil aus dem Köcher. 116

Tibidabo
| Aussichtspunkt |
Wer den Ausblick vom höchsten Berg der Collserola-Kette kennt, kann gut verstehen, warum hier einer Legende nach der Teufel Jesus höchstpersönlich in Versuchung führte. Schon die Fahrt zum Tibidabo ist eine wahre Freude. 116

CosmoCaixa
| Museum |
Spannendes Wissenschaftsmuseum mit einem versunkenen Wald und vielen kindertauglichen Mitmach- und Ausprobierstationen. 118

63 Parc del Fòrum

Durch das Großprojekt hat sich Barcelona ein weiteres Stück Küste erschlossen

■ Metro L4 El Maresme-Forum, Tram T4 Forum
■ Pl. del Fòrum 1, Tel. 933 56 06 12

Barcelona hat eine gewisse Expertise darin, Großereignisse mit einer städtebaulichen Generalüberholung zu verbinden. Anlässlich des Forums der Kulturen der Welt 2004, einer Mischung aus Kongress und Festival zu den Universalthemen Nachhaltigkeit, Frieden und Interkulturalität, widmeten sich die Stadtoberen dem vernachlässigten Nordwesten der Stadt. Über einer ehemaligen Kläranlage bauten Stararchitekten wie Herzog & de Meuron das heute als Museum genutzte knallblaue, dreieckige Edifici Forum. Das benachbarte Kongresszentrum bietet Platz für 15 000 Menschen und gilt als eines der modernsten Europas. Der riesige Platz mit den beiden Open-Air-Auditorien hat vor allem für Skateboarder und Inlineskater einen hohen Freizeitwert und wird als Veranstaltungsort genutzt. Emblem der Anlage ist die Pergola mit der gigantischen Fotovoltaikanlage: Sie sei allerdings, so sagen Kritiker, mehr Symbol für Nachhaltigkeit denn effizienter Energieerzeuger.

Sehenswert

NAT Museu de Ciències Naturals (Museu Blau)
| Museum |
Im dreieckigen Forumsgebäude von Herzog & de Meuron führt eine gut

Das Museu Blau liegt in einem spektakulären Bau von Herzog & de Meuron

aufbereitete Ausstellung auf zwei Etagen durch die Geschichte der Erde. Beeindruckend: der umfangreiche Fundus aus dem Naturkundemuseum – vom ausgestopften Pelikan bis zum Dinosaurierfossil ist alles dabei.
■ Parc del Fòrum, Pl. Leonardo da Vinci 4–5, Tel. 932566002, www.museuciencies.cat, Okt.–Feb. Di–Fr 10–18, Sa, So 10–19, März–Sept. Di–Sa 10–19, So 10–20 Uhr, 6 €, Kombiticket mit Jardí Botànic (S. 96) 7 € (jeden 1. So im Monat und So ab 15 Uhr Eintritt frei)

Diagonal Zero Zero

| Architektur |

Das 110 Meter hohe, rhombenförmige Gebäude mit der vorgespannten Fassade aus weißem Aluminium ist einer der ungewöhnlichsten Wolkenkratzer. Entworfen hat es der barcelonische Architekt Enric Massip-Bosch. Derzeit ist es Sitz von Telefónica.
■ Pl. de Ernest Lluch i Martín 5

Kinder

Parc del Diagonal Mar Wer nach so viel Beton Bedürfnis nach etwas Grün hat, quert die Ronda Literal und verlustiert sich im von Enric Miralles und Benedetta Tagliabue gestalteten Park. Die Riesenrutschen sind ein großer Spaß für die ganze Familie. ■ C. de Llull 362, tgl. 10–21 Uhr

Erlebnisse

Barcelona Cable Park An zwei Seilrutschen können sich Wakeboarder und Waterskater übers Wasser ziehen lassen. Fortgeschrittene nutzen die Rampen für Sprünge. Auch Kurse. ■ Parc del Forum, Tel. 627073251, www.barcelonacablepark.com, tgl. 10–21 Uhr, 30 €/30 Min.

Im Blickpunkt

Größer, teurer, schöner?

Böse Zungen behaupten, Barcelona sammle Stararchitekten wie andere Briefmarken. Nicht nur beim Forum hatten die Großen der Branche ihre Hände im Spiel, auch sonst vergab die Stadtverwaltung Aufträge gern an renommierte Büros – manchmal wohl mehr aus Prestigegründen denn praktischen Überlegungen. So schenkte sich die Stadt zu den Olympischen Spielen gleich zwei Telekommunikationstürme: die 288 Meter hohe Konstruktion von Norman Foster im Parc de la Collserola und Santiago Calatravas »nur« 136 Meter hohe, dafür apart gebogene Nadel am Montjuïc. Manche der architektonischen Embleme kommen viel gereisten Besuchern durchaus bekannt vor: Die projektilförmige Torre Agbar von Jean Nouvel ähnelt Norman Fosters Londoner Büroturm 30 St. Mary Axe, Ricardo Bofills segelförmiges Luxushotel an der Barceloneta erinnert an Tom Wrights Burj al Arab in Dubai. Natürlich behaupten sowohl Nouvel als auch Bofill, die Idee jeweils zuerst gehabt zu haben.

Jet Scoot Port Forum Ob mit dem Wassermotorrad, Jetski oder Fallschirm: Für Adrenalinausschüttung ist gesorgt. Die junge Sportfirma hat die passenden Utensilien und führt kompetent in die jeweiligen Unternehmungen ein. ■ Moll de la Ronda, Tel. 932528514, 649101399, www.jetscoot.com, ab 55 €

64 Torre Agbar und das Technologieviertel 22@

Wahrzeichen des modernen Barcelona: Museu del Disseny und Torre Agbar

Information

- Metro L1 Glòries, Tram T4/T5 Glòries
- Parken: S. 112

Hightech-Architektur im ehemaligen Arbeiterviertel

Das Technologieviertel rings um die Plaça de les Glòries soll das als »Manchester Kataloniens« bezeichnete ehemalige Industrieviertel Poblenou ins 21. Jahrhundert führen. In teils aufsehenerregenden Neubauten haben sich Unternehmen aus dem Bereich Kommunikation und IT angesiedelt, in großzügigen Co-Working-Lofts tüfteln Kreative aus aller Welt. Die Schlote und Ziegelbauten der ehemaligen Fabrikanlagen wurden teils geschickt integriert. Auch die Großbaustelle Plaça de Glòries knüpft an die Geschichte an. Der zentrale Verkehrsknotenpunkt wird untertunnelt und in einen Park verwandelt – so wie es bereits Stadtplaner Ildefons Cerdà vorsah.

Sehenswert

Mercat dels Encants

| Architektur |

Das gefaltete Spiegeldach eröffnet ungeahnte Perspektiven auf das Flohmarkttreiben. Auf mehreren Etagen

Plan
S. 112 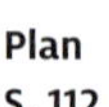 

können Schnäppchenjäger alles Mögliche ergattern – von antiken Möbeln und Büchern über Schmuck und Kleidung bis zu Haushaltswaren.

■ C. de los Castillejos 158, Tel. 932 46 30 30, www.encantsbcn.com, Mo, Mi, Fr, Sa 9–20 Uhr

b Museu del Disseny im DHUB

| Museum |

Im ersten und zweiten Stock werden Meilensteine des Produkt- und Kunstdesigns präsentiert – von der Eiswürfelzange bis zum Handmixer. Die dritte Etage ist mit Kreationen von Cristóbal Balenciaga und Paco Rabanne spanischer Mode gewidmet, die vierte Grafikdesign. Auf dem Vorplatz verwandelt eine Installation von David Torrents Lärm und Geräusche in buntes Licht, Liegestühle laden zum Verweilen ein.

■ Pl. de les Glòries Catalanes 37, Tel. 932 56 68 00, www.museudeldisseny.cat, Di–So 10–20 Uhr, 6 € (1. So im Monat und So ab 15 Uhr Eintritt frei)

c Torre Agbar

| Architektur |

Jean Nouvels 142 Meter hoher, 32-stöckiger Turm wacht über die Baustelle Plaça de Glòries. Seine Fassade aus in 40 Blau- und Rottönen lackierten Aluminiumplatten macht ihn – von innen angestrahlt – vor allem nachts zu einem beeindruckenden Blickfang. Farben und Form des ursprünglich als Sitz der Wasserwerke konzipierten Bauwerks sollen an einen sprudelnden Geysir erinnern. Die Torre Agbar ist eines der architektonischen Wahrzeichen der Stadt. Hier haben sich inter-

ADAC Mobil

Die **»superilles«** sollen Barcelona fußgänger- und radfahrerfreundlicher machen und den CO_2-Ausstoß reduzieren. Dabei werden mehrere Blocks zusammengelegt, verkehrsberuhigt und begrünt. Beim Pilotprojekt 22@ hat man mit einfachen Mitteln wie Farbe und Blumenkübeln die Straße in Spielzonen verwandelt. Leicht modifiziert wurde es auch an anderen Punkten, etwa in Sant Antoni und im Eixample, eingeführt.

nationale Unternehmen aus dem Bereich Telekommunikation angesiedelt, unter anderem eine Firma, die im sozialen Netzwerk Facebook »Fake News« kontrollieren soll.

■ Av. Diagonal 209

Media TIC

| Architektur |

Das von Enric Ruiz Geli entworfene Gebäude verband spanienweit als eines der ersten Hightech mit ökologischen Überlegungen: Die vorgespannten Textilkissen reagieren als »intelligente Haut« auf Temperatur- und Lichtverhältnisse und reguliert so die Temperatur im Gebäudeinneren. Dort tüfteln Start-up-Unternehmen an der Mobiltechnologie von morgen.

■ C. de Roc Boronat 117

Can Framis

| Museum |

In der verkehrsberuhigten Straße vor dem Museum tollen Kinder herum, das Sichtbetongebäude im parkähnlichen Garten mit großen Olivenbäumen lockt Kunstfreunde an. In den um einen Fabrikschlot aus dem 18. Jahrhundert gruppierten Quadern werden 300 Werke zeitgenössischer katalanischer Maler gezeigt. Die Sammlung umfasst Werke ab den 1960ern.

■ C. de Roc Boronat 116–126, Tel. 933 20 87 36, Di–Sa 11–18, So 11–14 Uhr, 5 €

Parken

An der **Rambla del Poblenou** befindet sich ein Parkhaus für Fahrzeuge bis 2,20 Meter Höhe mit Videoüberwachung und Aufladestation für E-Gefährte, 3,50 €/Std., 13–24 Std. 41,45 €.

■ Rbla. del Poblenou 130, Tel. 934 09 20 21, www.aparcamentsbsm.cat, Plan S. 112 b2/c3

Restaurants

€ | Sopa Vegetarisches Schnellrestaurant, in dem es neben Suppen auch Hauptgerichte und eine kleine Kuchenauswahl gibt. Empfehlenswerte Mittagsmenüs. ■ C. de Roc Boronat 114, Tel.

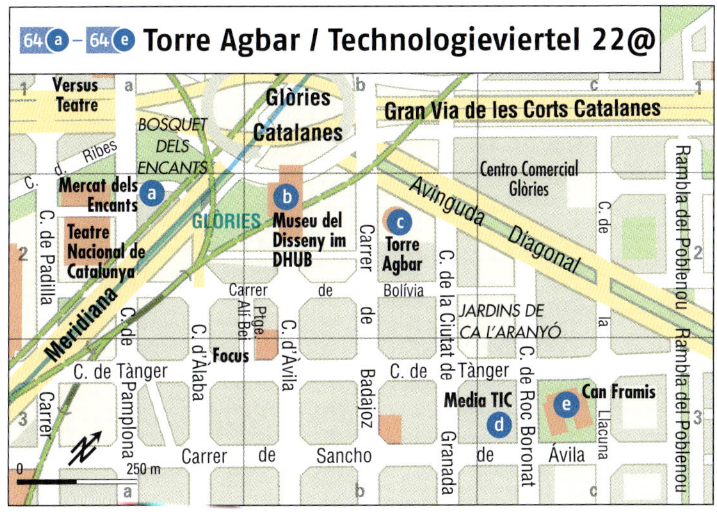

In Gaudís Frühwerk, der Casa Vicens, ist schon klar sein berühmter Stil zu erkennen

933095676, www.sopa.vg, Mo–Fr 8–19, Sa, So 10–17 Uhr, Plan S. 112 c3

€€ | Catacroquet Das Bistro hat sich auf die cremigen spanischen Kroketten spezialisiert. Besonders lecker: Croqueta mit Mozzarella, Basilikum und Mandeln oder Trüffelei. ■ C. Almogàvers 211, Tel. 932809059, www.catacroquet.es, Di–Sa 12.30–24, So, Mo 12.30–17 Uhr, Plan S. 112 südl. c3

65 Casa Vicens

Gaudís erstes Wohnhaus ist inspiriert von maurischer Architektur

■ Metro L3 Lesseps, Fontana
■ C. de les Carolines 18–24, www.casavicens.org, tgl. 10–20 Uhr, 16 € (Online-Ticket mit Zeitfenster)

Die Bauweise des 1885 für Manuel Vicens i Montaner errichteten Wohnhauses ist zwar noch traditionell, Materialien und Ornamentik sind jedoch schon »typisch Gaudí«. Die feingliedrige Fassade und die Türmchen der im Mudéjar-Stil errichteten Residenz verkleidete der junge Architekt mit Fliesen. Innen sollen Pflanzen und Vögel – gemalt sowie aus Holz und Keramik – die Natur ins Haus holen.

Sehenswert

Carrer Verdi

| Fußgängerzone |

Bis 1897 war Gràcia ein eigenständiges Dorf, noch heute sind die Bewohner des Viertels stolz auf ihre Eigenständigkeit. Mit Cafés, Bio-Läden, Off-Kinos und kleinen Plätzen ist der Bezirk bevorzugtes Quartier junger und alter Bohemiens. Entlang dem Carrer Verdi lässt sich viel vom Flair erschnuppern.

Events

Festa Major de Gràcia Für das Stadtteilfest verwandeln Anwohner die Straßen in Fantasiewelten. Die am schönsten dekorierte wird prämiert. Mit Konzerten und Tanz bis spät in die Nacht lockt die Festa Major de Grácia halb Barcelona ins Quartier. ■ 15.–21. Aug., www.festamajordegracia.cat

ADAC Mobil

Barcelona hat zwar nur zwei Prozent **Steigung**, die konzentriert sich aber an wenigen Stellen, vor allem in El Carmel, Gràcia, Horta und rund um den Montjuïc. Die Stadt hilft mit 85 Rolltreppen und 46 Aufzügen.

66 Park Güell

Der weltberühmte Park ist Teil einer nie vollendeten Gartenstadt

■ Metro L3 Vallcarca, Lesseps, dann 20 Min. Fußweg, von Vallcarca über die Rolltreppe Baixada de la Glòria, von Lesseps über die Rolltreppe Ptge. des Sant Josep de la Muntanya. Von der Metro L4 Alfons X gibt es einen Shuttle zum Parkeingang (Bus Güell, Online-Ticket vorzeigen). Auch die Busse Barcelona City Tour (grüne Ostroute) und Barcelona Bus Turístic (blaue Route) halten nahe des Parks.
■ Park Güell, Tel. 934 09 18 31, www.parkguell.barcelona, Jan.–März 8.30–18.15, April, Okt. 8–20.30, Mai–Sept. 8–21.30 Uhr, 10 € (unbedingt online Zeitfenster reservieren)

Mäzen Eusebi Güell und Antoni Gaudí planten in den Hügeln eine Gartenstadt nach englischem Vorbild mit 60 Villen. Doch gebaut wurden neben dem Musterhaus nur die Pförtnerloge, die monumentale Eingangstreppe mit den keramikbesetzten Eidechsen und die Sala Hipostila. Die überdachte Säulenhalle sollte als Markthalle dienen. Darüber befindet sich die als Freilufttheater konzipierte, 3000 Quadratmeter große Plaça mit den berühmten, dem menschlichen Körper angepassten Bänken. Für Gaudí stand der respektvolle Umgang mit Natur und Ressourcen im Vordergrund: Um auf große Erdbewegungen zu verzichten, erschloss man das Gelände terrassenförmig, für die Verkleidung von Bänken und Treppe recycelte Gaudí Abfälle aus Keramikfabriken. Auch für Bauherren gab es strenge Vorschriften: Auf den Grundstücken durften keine Bäume gefällt und nicht mehr als ein Sechstel bebaut werden. Nachdem aber nur zwei Parzellen Käufer fanden, wurde das Projekt 1914 eingestellt.

Sehenswert

Casa Museu Gaudí

| Museum |

Das von Gaudís Meisterschüler Francesc Berenguer errichtete Wohnhaus sollte als Musterhaus Käufer in die Gartenstadt locken. Nach dem Scheitern des Projekts wohnten Gaudí und seine Nichte fast 20 Jahre lang in dem mitten im Park gelegenen Wohnhaus. Im Inneren können Büro und Schlafzimmer des Architekten besichtigt werden sowie die von ihm für seine Wohnhäuser entworfenen Möbel.

ADAC Spartipp

Kostenpflichtig ist nur der Besuch des »Monumentalbereichs«: Wer keinen Wert darauf legt, einmal auf den berühmten Keramikbänken zu sitzen, kann Gaudís Ensemble auch einfach von oben betrachten. Für alle anderen gilt: Online buchen und auf ausreichend Zeit für die Anreise achten. Das Ticket ist nur für ein bestimmtes Zeitfenster gültig, und die Besucherzahl auf 800 Personen begrenzt.

Antoni Gaudís Hommage an die Natur: Park Güell mit seinen gewundenen Bänken

■ Park Güell, Ctra. del Carmel 23A, Tel. 932 19 38 11, www.casamuseugaudi.org, April–Sept. 10–20, Okt.–März 9–18 Uhr, 5,50 €, Kombiticket m. Sagrada Família 27 €

Parken

Der Touristenbussen vorbehaltene Parkplatz am Carrer Carmel 18 hat drei Behinderten-Parkplätze.

67 Turó de la Rovira

Spektakulärer Aussichtspunkt im ehemaligen Barackenviertel

■ Bus V17 Gran Vista/Pl. de la Mitja Lluna
■ C. Marià Labernia, Tel. 932 56 21 22, www.museuhistoria.bcn.cat, Ausstellung Mi, Fr, Sa, So 16.30–20.30 (So auch 10.30–14.30 Uhr)

Vom ehemaligen Luftabwehrstützpunkt auf dem Berg Carmelo hat man einen atemberaubenden Blick auf die Stadt. Auf den Ruinen der Häuser von damals wetteifern heute junge Leute aus aller Welt um das beste Selfie – nicht immer zur Freude der Anwohner. Sie stöhnen über die Heerscharen von Touristen, die inzwischen in den ehemals ruhigen Randbezirk strömen. Eine kleine Ausstellung erinnert an die wechselvolle Geschichte des Turó de la Rovira – von den hier gefundenen Überresten eines iberischen Dorfs über die Bürgerkriegsvergangenheit bis zur Zeit, als hier von andalusischen Einwanderern ein Barackenviertel errichtet wurde.

Restaurants

€ | **Las Delicias del Carmelo** Die Tapas-Bar ist ein beliebtes Ausflugsziel für die Spaziergänger aus dem benachbarten Park. Spezialität: Oktopus auf galizische Art. ■ C. de Mühlberg 1, Tel. 934 29 22 02, www.barrestaurantedelicias.com, Di–So 10–16, Di–Do 19–22.30, Fr, Sa 20–23 Uhr

68 Parc del Laberint

Das Labyrinth zählt zu den besterhaltenen Europas

■ Metro L3 Mundet, H4 Pg. Vall d'Hebron/Velòdrom
■ Pg. dels Castanyers 1, Tel. 666 67 77 22, Nov.–März 10–19, April–Okt. 10–20 Uhr, 2,23 €, So und Mi kostenlos

Der älteste Park der Stadt – im 18. Jahrhundert von Markgraf Desvall für den Adel angelegt – gilt als Musterbeispiel neoklassizistischer und romantischer Gartenbaukunst. Im Zentrum befindet sich ein 1792 angelegter Irrgarten mit einer Erosstatue in der Mitte. Um das Labyrinth herum gruppieren sich Blumen- und Buchsbaumgärten und romantische Fantasien wie ein künstlich angelegter Kanal mit Liebesnest und ein verträumter Scheinfriedhof. Der 54 Hektar große Park gehörte zum Familienbesitz des Grafen Desvalls i d'Ardena, gestaltet haben ihn der italienische Architekt Domenico Bagutti und der französische Gartenbaumeister Joseph Delvalet.

Restaurants

€€–€€€ | Can Cortada Das Restaurant in einem denkmalgeschützten katalanischen Landgut aus dem 11. Jahrhundert hat einen großen Garten und bietet solide katalanische Küche. ■ Av. de l'Estatut de Catalunya, Tel. 934 27 2315, www.cancortada.com, tgl. 13–16, 20–23 Uhr

69 Tibidabo

Ein nostalgischer Vergnügungspark krönt Barcelonas Hausberg

■ FGC Av. Tibidabo, dann weiter mit Tramvia Blau oder Bus 196 und Funicular del Tibidabo
■ www.tibidabo.cat

Der Temple Expiatori del Sagrat Cor auf der Spitze des Tibidabo

ADAC Mobil

Über 115 Jahre zuckelte die **Tramvia Blau** von der Kreuzung Avinguda del Tibidabo/Passeig de Sant Gervasi Richtung Tibidabo. Die blau gestrichenen offenen Waggons ließen das Herz von Nostalgikern höher schlagen. Die 1901 vom Hustenbonbon-Fabrikant Salvador Andreu eröffnete, 1276 Meter lange Strecke war das einzige Überbleibsel des historischen Schienennetzes und wurde 2018 wegen Renovierungsarbeiten geschlossen. Die moderne Straßenbahn der TMB verkehrt entlang der Avinguda Diagonal.

Auf dem Gipfel des 512 Meter hohen Tibidabo soll angeblich der Teufel Jesus in Versuchung geführt und ihm mit »Haec omnia tibi dabo …« (»Dies alles werde ich dir geben …«) die Stadt angeboten haben. Tatsächlich ist der Ausblick faszinierend – aber auch wegen des Freizeitparks ist der Tibidabo ein beliebtes Ziel für Besucher.

Sehenswert

Temple Expiatori del Sagrat Cor | Kirche |
Das 1961 vollendete Gotteshaus ist der gleichnamigen Kirche in Paris nachempfunden und beeindruckt mehr durch Monumentalität denn künstlerischen Wert. Der untere Teil ähnelt einer romanischen Festung, der Aufsatz ist neogotisch. Die Jesus-Statue ist von Josep Miret und eine Nachbildung des im Bürgerkrieg zerstörten Originals.
■ Serra de Collserola, Cumbre del Tibidabo, Tel. 934 17 56 86, 11–18 Uhr, Eintritt frei (Aufzug zum Aussichtspunkt 3 €)

Parken

Besucher des Vergnügungsparks können auf dem Parkplatz vor dem Krankenhaus Vall d'Hebron (Pg. Vall d'Hebron 138–176) für 4,20 €/Tag parken. Zum Vergnügungspark geht's mit dem kostenlosen Shuttle.

Restaurants

€€ | **La Venta** In dem Jugendstil-Restaurant gibt es gehobene mediterrane Küche. Terrasse. ■ Pl. Doctor Andreu, Endstation Tramvia, Tel. 932 12 64 55, www.restaurantelaventa.com, tgl. 13.30–15.30, 20.30–23 Uhr, So abends geschl.

Kinder

Parc d'Atraccions Tibidabo Historische Fahrgeschäfte wie einer der ersten Flugsimulatoren und ein Spiegelkabinett machen den 1901 eröffneten Vergnügungspark zum Sehnsuchtsort für Nostalgiker. Mit VR-Brillen, Achterbahn und anderen Adrenalinstimulanzen trägt man dem Zeitgeschmack Rechnung. ■ Pl. del Tibidabo 3–4, von der Pl. de Catalunya verkehrt der Tibibus, Tel. 932 11 79 42, www.tibidabo.cat, März–Dez. Sa, So, Juli Mi–So, Aug. tgl., 28,50 €, Kinder (0,90–1,20 m) 10,30 €

ADAC Spartipp

Wer nur mal schnuppern und in erster Linie die Aussicht genießen will, löst das Teilticket für die **Area Panoràmica** im oberen Teil des Parks, probiert für etwas weniger als die Hälfte des Preises historische Fahrgeräte aus und besucht das Spielautomatenmuseum mit seinen nostalgischen Automaten.

70 Parc de la Collserola

Das Naherholungsgebiet lässt sich prima zu Fuß oder mit dem Rad erkunden

■ FGC Baixador de la Vallvidrea, Info-Zentrum Ctra. de l'Església 92, Tel. 932 80 35 52, www.parcnaturalcollserola.cat

Wildschweine, Rehe, kleine Seen und natürlich viele Picknickplätze: Der 8000 Hektar große Park hat alles, was ein großstädtisches Naherholungsgebiet so braucht. Neben Waldpfaden gibt es auch kinderwagentaugliche Wege und 250 Kilometer für Radfahrer. Karten hat das Informationszentrum.

 **Sehenswert**

Torre de Collserola
| Aussichtspunkt |
Norman Foster verankerte seinen 288 Meter hohen, schlanken Fernsehturm mit neun Drahtseilen in der Erde. Von der Aussichtsplattform auf 115 Meter Höhe blickt man an klaren Tagen 70 Kilometer übers Land.

■ Ctra. de Vallvidrera al Tibidabo, Tel. 934 06 93 54, www.torredecollserola.com, März–Dez. Sa, So 12–14 Uhr, 5,60 € (vom Tibidabo verwaltet)

ADAC Spartipp

Wer sowohl die **Area Panoràmica** des Tibidabo als auch den **Torre de Collserola** besuchen möchte, zahlt mit dem Kombiticket 16 €.

71 CosmoCaixa

Wissenschaftsmuseum zum Anfassen

■ FGC Av. Tibidabo, Bus H4, V13 Pg. Sant Gervasi – Pl. John F. Kennedy, V15 Balmes – Pl. John F. Kennedy

■ C. Isaac Newton 26, Tel. 932 12 60 50, www.cosmocaixa.es, tgl. 10–20 Uhr, 2,50 €, Tiefgarage vorhanden

Eines der spannendsten Museen Barcelonas: das interaktive Museum CosmoCaixa

Eine riesige Wendelrampe führt durch die Zeitalter des Universums. An vielen Mitmachstationen können kleine und große Forscher Naturphänomenen wie der Schwerkraft oder dem Magnetismus auf die Spur kommen. Besonders beliebt: der Unterwasserwald mit Fischen, Vögeln, Insekten. Mit eigenem Planetarium und Wetterstation gehört das Haus der Sparkassenstiftung zu den beliebtesten Museen der Stadt.

72 Torre Bellesguard

Gaudís Festung ist eine Hommage an den letzten katalanischen König

■ FGC Av. Tibidabo, anschließend 10 Min. zu Fuß oder Bus 60 Rotonda de Bellesguard
■ C. Bellesguard 16–20, www.bellesguardgaudi.com, Di–So 10–15 Uhr, 9 €

Antoni Gaudís zwischen 1900 und 1909 für die Familie Guilera erbautes Wohnhaus erinnert mit seinen Zinnen und Türmchen bewusst an mittelalterliche Burgen. An der gleichen Stelle befand sich bis 1422 die Sommerresidenz von Martí I., dem letzten katalanischen König. Am Eingang sind Reste des ursprünglichen Mauerwerks erhalten. Die Mosaiken auf den Gartenbänken und an der Fassade zeigen maritime Motive: ein Hinweis auf die Bedeutung Kataloniens als Seefahrer- und Handelsnation. Da das Haus im Privatbesitz ist, lassen sich nur Treppenhaus, Festsaal und das Dach besichtigen. Von dort hat man einen guten Blick über die Stadt und stößt auf einen weiteren katalanischen Mythos: Gaudí gestaltete die Ecken des Daches so, dass sie an den von Sant Jordi besiegten Drachen erinnern.

73 Fundación Rocamora

Charmantes Kuriositätenkabinett in einer Privatvilla

■ Metro L3 Lesseps, Bus H6
■ C. Ballester 12, Tel. 932120436, www.fundacionrocamora.org, Führungen (engl.) Do 11 Uhr

Als Sprössling einer Textilindustriellenfamilie galt das Interesse des Mäzens und Sammlers Manuel Rocamora Vidal zuvorderst historischer Bekleidung: Er war der Gründer des barcelonischen Textilmuseums, dessen Bestände nun im Design-Museum untergebracht sind. Bald weckten auch andere Themengebiete sein Interesse: Werbeschilder für Brillenläden, historische Keramikfliesen, Seefahrtinstrumente sowie Zeichnungen und Skulpturen aus dem 19. und 20. Jahrhundert. Darüber hinaus förderte er nach Kräften die Kunst des Gatten seiner Nichte, des Malers und Picasso-Kompagnons Ramón Casas. In der Villa gibt es in jedem Raum Kurioses zu entdecken.

Gefällt Ihnen das?

Barcelona hat Privatsammlern einiges zu verdanken. Ohne sie wären Kuriositätenkabinette wie **Frederic Marès'** breit gefächerte Sammlung zur Alltagskultur (S. 39) undenkbar. Auch moderne Mäzene wie **Jordi Clos** oder die Antiquare **Fernando Pinós** und **María Guirao** bereichern mit ihren Kollektionen zu Ägyptologie (S. 83) oder katalanischem Modernisme (S. 86) die Kulturszene.

Am Abend

Im ehemaligen Arbeiterviertel hat man einige alte Fabriken in Clubs umgewandelt, sonst beschränkt sich das Nachtleben auf etablierte Kulturinstitutionen.

Bühne

Teatre Nacional Das Nationaltheater zeigt Klassiker und zeitgenössische Stücke, inszeniert von katalanischen, spanischen und internationalen Größen. ■ Pl. de les Arts 1, Metro L1 Glòries, Tel. 933065700, www.tnc.cat

Konzerte

Auditori Das Auditorium ist Sitz des Symphonieorchesters. Regelmäßig treten hier auch internationale Stars auf. Gutes Kinderprogramm. ■ C. de Lepant 150, Metro L1 Glòries, Tel. 93247 9300, www.auditori.cat

Kneipen, Bars und Clubs

Razzmatazz In dem ehemaligen Industriegebäude wird in fünf verschiedenen Sälen zu Techno, Electro, Indie und Rock getanzt. ■ C. dels Almogàvers 122, Metro L1 Marina, Tel. 933208200, www.salarazzmatazz.com, Mi, Fr, Sa 24–6 Uhr

Old Fashioned Spezialität der Cocktailbar sind Gin Tonics, die von den Bartendern mit großem Stilbewusstsein zubereitet werden. Beliebter Treffpunkt. ■ C. de Santa Teresa 1, Metro L3, L5 Diagonal, Tel. 933685277, Di–Do 12–2, Fr 12–3, Sa 16–3, So, Mo 17–2 Uhr

Übernachten

Mit den Bürogebäuden wuchsen in Poblenou auch Hotels aus dem Boden, meist Filialen internationaler Ketten. In Strandnähe gibt es individuellere Unterkünfte.

Hostal Poblenou Bed & Breakfast Charmante Pension in einem Altbau in Strandnähe. Die Zimmer sind zwar etwas klein, aber sauber und ruhig. Die Wirte sind freundlich und sehr um das Wohlergehen ihrer Gäste bemüht. ■ C. Taulat 30, Tel. 932212601, www.hostalpoblenou.com

Hotel Ilunion Modernes, komfortables Hotel einen Steinwurf von der Rambla de Poblenou und fünf Gehminuten vom Strand entfernt. Helle, geräumige Zimmer. ■ C. Ramón Turró 196–198, Tel. 932438800, www.ilunion barcelona.com

Novotel Barcelona City Das moderne Hotel liegt verkehrsgünstig direkt neben der Torre Agbar und überzeugt durch ein gutes Preis-Leistungs-Verhältnis. Tolle Dachterrasse mit Pool und einem Spielbereich für Kleinkinder. ■ Av. Diagonal 201, Tel. 932202789, www.novotel.com

ADAC Service Barcelona

Beim **ADAC Infoservice**, in den **ADAC Geschäftsstellen** sowie auf dem **Internetportal des ADAC** (adac.de) erhalten Sie Informationen zu den Dienstleistungen des Automobilclubs und zu Ihrem Reiseziel. Als **ADAC Mitglied** können Sie zudem das kostenlose **ADAC TourSet® Barcelona** mit vielen Reiseinfos und Karten anfordern oder die **TourSet App** auf dem **Smartphone** oder **Tablet-PC** installieren (adac.de/toursetapp).
Rufen Sie bei Pannen und Notfällen die **ADAC Pannenhilfe** bzw. den **ADAC Ambulanzdienst** an. Unser Team steht Ihnen rund um die Uhr zur Verfügung.

ADAC Infoservice

T 0 800 510 11 12
Infos zu allen ADAC Leistungen
(Mo–Sa 8–20 Uhr, gebührenfrei)

ADAC Pannenhilfe Deutschland

T 089 20 20 4000, Mobil 22 22 22
(Verbindungskosten je nach Netzbetreiber/Provider)

ADAC Ambulanzdienst

T 089 76 76 76
(Erkrankung, Unfall, Verletzung, Transportfragen, Todesfall)

ADAC Pannenhilfe Ausland

T +49 89 22 22 22
(Verbindungskosten je nach Netzbetreiber/Provider)

Internet-Serviceangebote des ADAC für Ihre Reiseplanung

Service	Webadresse
Aktuelle Verkehrslage	adac.de/verkehr
ADAC Routenplaner	adac.de/maps
Infos zu Tankstellen und Spritpreisen	adac.de/tanken
Infos zu mautpflichtigen Strecken	adac.de/maut
Infos zu Fährverbindungen	adac.de/faehren
ADAC Tourmail (aktuelle Infos vor Anreise)	adac.de/tourmail
Informationen für Camper	adac.de/camping
Informationen für Motorradfahrer	adac.de/motorrad
Informationen für Segler und Skipper	adac.de/sportschifffahrt
ADAC Reiseangebote	adacreisen.de
ADAC Autovermietung	adac.de/autovermietung
ADAC Versicherungen für den Urlaub	adac.de/versicherungen
Weltweite Preisvorteile für ADAC Mitglieder	adac.de/vorteile-international

Diese **Produkte des ADAC** könnten Sie interessieren: **ADAC Reiseführer Andalusien**, **ADAC Reiseführer Costa Brava**, **ADAC Reiseführer Mallorca** und **ADAC Campingführer Südeuropa** – erhältlich im Buchhandel, bei den ADAC Geschäftsstellen und in unserem ADAC Online-Shop (adac.de/shop).

Anreise und Einreise

Auto

Auf den Autobahnen in Frankreich und Spanien fallen **Mautgebühren** an, die Strecke von La Jonquera am Grenzübergang nach Barcelona kostet etwa 28 €. Der Umweg über kleinere Straßen ist zeitraubend. Nach Barcelona führt die Strecke E15 (AP9 in Frankreich, AP7 in Spanien). Für die Fahrt sollte man zwei Tage kalkulieren.

Bahn und Bus

Durch die **Schnellzugverbindung** nach Lyon oder Paris mit dem AVE hat sich die Reisezeit verkürzt. Aus Süddeutschland benötigt man etwa elf, aus Genf acht, aus Wien 20 Stunden. Ankunftsbahnhof ist die Estació de Sants. Wer nicht umsteigen will, kann auch mit dem **Bus** anreisen – die günstigste Art, nach Barcelona zu kommen. Das Portal www.checkmybus.de hilft bei der Anbietersuche.

Flugzeug

Der **Flughafen El Prat** wird von allen großen Airlines angeflogen. Low-Cost-Linien landen überwiegend am alten Terminal 2, Terminal 2b ist Easyjet-Maschinen vorbehalten. Wer im Voraus bucht, kann einen Flug unter 100 € ergattern. Zwischen beiden Terminals und der Plaça de Catalunya pendelt im Fünf-Minuten-Takt der Aerobus (5,90 € einfach, 10,20 € hin und zurück, www.aerobusbcn.com). Die **Metrolinie L9 Sud** verbindet Terminal 1 mit der Messe (4,50 €), Terminal 2 ist über die **Regionalbahn R2** an den Bahnhof Sants angeschlossen. Die **Taxifahrt** vom Flughafen ins Zentrum kostet inklusive Flughafenplus ca. 35 bis 40 €, Koffer (größer als Handgepäck) kosten extra.

Einreise und Dokumente

EU-Bürger und Schweizer, die nicht länger als drei Monate bleiben, benötigen für die Einreise lediglich einen gültigen **Personalausweis**. Auch Kinder brauchen ein eigenes Ausweisdokument, bis zum vollendeten zwölften Lebensjahr ist das der Kinderreisepass.

Auto und Straßenverkehr

Führerschein und Papiere

Autofahrer benötigen einen nationalen Führerschein, den Kfz-Schein sowie ein Nationalitätskennzeichen, sofern das Auto kein Euro-Nummernschild hat. Die Mitnahme der Internationalen Grünen Versicherungskarte wird empfohlen, da sie als Versicherungsnachweis dient und bei einem Unfall die Abwicklung erleichtert.

Verkehrsvorschriften

Verkehrsverstöße, v.a. Geschwindigkeitsüberschreitungen und Alkoholdelikte, werden mit hohen Geldbußen geahndet. Die **Promillegrenze** beträgt 0,5, für Fahranfänger (bis zwei Jahre Fahrpraxis) 0,3. Minderjährige bis zu einer Größe von 135 cm müssen mit einem **Kindersicherungssystem** gesichert sein. Autofahrer müssen, wenn sie im Fall einer Panne oder eines Unfalls ihr Fahrzeug auf Autobahnen oder Landstraßen verlassen, eine reflektierende **Warnweste** tragen.

Barcelona will die Stadt fußgänger- und radfahrerfreundlicher gestalten und experimentiert mit verkehrsberuhigten Zonen: Bei den **»superilles«** werden mehrere Blocks zu sogenannten Superinseln zusammengelegt, verkehrsberuhigt und begrünt. Auch die Umweltschutzbestimmungen wurden verschärft. Seit 2019 dürfen Pkw mit

älterem Baujahr als 1999 und Dieselfahrzeuge älter als 2006 bei Smogalarm nicht mehr verkehren, ab 2020 dürfen sie gar nicht mehr fahren.

Tempolimits

Straße	Tempolimit
Autobahn	max. 120 km/h
Landstraße	max. 90 km/h
Ortschaft	max. 50 km/h

Tanken

Dieselfahrer tanken in Spanien **Gasóleo**. Beim Benzin wird namentlich nicht zwischen Super und Super Plus unterschieden, sondern nach der Oktanzahl: Gasolina (»sin plomo«) 95 entspricht Super E5, Gasolina (»sin plomo«) 98 Super Plus. Autobahntankstellen sind durchgehend geöffnet, die übrigen in der Regel nur bis ca. 20 Uhr. Kreditkarten werden an Tankstellen mit Personal meist akzeptiert.

Unfall

Neben der Grünen Versicherungskarte ist ein Auslandsschutzbrief und eine Vollkaskoversicherung empfehlenswert. Unfälle müssen der Polizei gemeldet werden. Bei Sachschäden ist die Verwendung des Europäischen Unfallberichts anzuraten. Außerdem empfiehlt es sich, zwei möglichst spanischsprachige Zeugen zu sichern.

Barrierefreies Reisen

Barcelona gilt als federführend in Sachen Barrierefreiheit. Der ÖPNV richtet sich zunehmend auf die Bedürfnisse von Rollstuhlfahrern ein: Bis auf kleinere Quartiersbusse sind alle Busse mit Rampen ausgestattet. Fast alle U-Bahn-Stationen haben Aufzüge oder Rolltreppen. Alle großen Sehenswürdigkeiten sind barrierefrei, das Fremdenverkehrsamt bietet Touren für Rollstuhlfahrer. Einen Überblick gibt es auf ajuntament.barcelona.cat/accessible.

City-Cards

Articket

Für 30 € gewährt dieses Kunstticket kostenlosen Eintritt zu sechs Museen: Museu Picasso, Fundació Joan Miró, Museu Nacional d'Art de Catalunya, Centre de Cultura Contemporània de Barcelona, Museu d'Art Contemporani de Barcelona und Fundació Antoni Tàpies. Man kauft es an den Museumskassen, in Tourismusbüros, am Bahnhof Sants, im Palau de la Virreina oder im Internet (www.articketbcn.org).

City Card

Mit Barcelona Card, Barcelona City Pass und Barcelona Pass gibt es gleich drei Anbieter für Rabattkarten. Die Barcelona Card (bcnshop.barcelona turisme.com) ist die günstigste und kostet 46 € für 72 Std., 56 € für 96 Std. und 61 € für 120 Std. Sie beinhaltet freien Eintritt in 20 Museen und Ermäßigung in 40 Sehenswürdigkeiten sowie die kostenlose Nutzung des ÖPNV. Der Barcelona City Pass (travelcats.barcelona.ticketbar.eu) kostet 75,50 € bzw. 86 € und gewährt freien Eintritt in Sagrada Família und Park Güell (Online-Buchung) sowie ein 1- bzw. 2-Tages-Ticket für einen Sightseeing-Bus. Der Barcelona Pass (www.barcelona pass.com) umfasst mit Casa Batlló, Casa Milà und dem Camp Nou freien Eintritt in einige der Hauptsehenswürdigkeiten, ist mit 125 € (2 Tage) bzw. 150 € (3 Tage) aber das teuerste Angebot (inkl. Sightseeing-Bus und geführte

Touren). Generell lohnt sich eine City Card nur, wenn man viel sehen möchte.

Diplomatische Vertretungen

Bei Verlust der Ausweispapiere oder anderen Notfällen helfen die diplomatischen Vertretungen weiter:

Deutsches Generalkonsulat

■ Torre Mapfre, C. Marina 16–18, Tel. 932 921 000, www.barcelona.diplo.de. Bei Notfällen außerhalb der Öffnungszeiten wendet man sich an die Deutsche Botschaft in Madrid, Tel. 915 579 000, www.spanien.diplo.de

Honorarkonsulat Österreich

■ C. de Marià Cubí 7, Tel. 933 686 003

Schweizer Generalkonsulat

■ Gran Via Carlos III 94, Tel. 934 090 650, www.eda.admin.ch/barcelona

Feiertage

1. Januar, 6. Januar, Karfreitag, Ostermontag, 1. Mai, Pfingstmontag, 24. Juni (Johannisfest), 15. August (Mariä Himmelfahrt), 11. September (katalanischer Nationalfeiertag), 24. September (Stadtfest La Mercè), 12. Oktober (Entdeckung Amerikas), 1. November (Allerheiligen), 6. Dezember (Tag der Verfassung), 8. Dezember (Immaculada, Mariä Empfängnis), 25. Dezember, 26. Dezember (San Esteve).

Fundbüro

Das zentrale Fundbüro (Plaça Carles Pi i Sunyer 8 in der Fußgängerzone Portal de l'Àngel) ist über die kostenlose Rufnummer 010 zu erreichen. Bei Abholung muss man sich über Ausweis/Führerschein oder bei Wertgegenständen über Rechnungen als Besitzer ausweisen. Fundstücke werden in der Regel sechs Monate aufbewahrt. Wer etwas in einem öffentlichen Verkehrsmittel verloren hat, wendet sich unter Tel. 902 075 027 an das zentrale TMB-Fundbüro oder stellt online eine Anfrage. Zum Formular gelangt man über www.tmb.cat/en, dann Customer Services. Abgeholt werden können die Gegenstände 24 Stunden nach Auffinden im Punto TMB Diagonal (L3, L5).

■ Fundbüro: Pl. Carles Pi i Sunyer 8, Mo–Fr 9–14 Uhr, ajuntament.barcelona.cat, dann »Atención en línea«

■ TMB-Fundbüro: Punto TMB Diagonal, Tel. 902 075 027, www.tmb.cat/en, dann Customer Services

Geld und Währung

Die meisten Banken und Sparkassen öffnen von 9 bis 14.30/15 Uhr, am Dienstag und Donnerstag teils auch nachmittags. Mit girocard oder Kreditkarte kann an Geldautomaten Bargeld abgehoben werden. Wenn das Institut eine Gebühr erhebt, wird darauf hingewiesen. Vor Abreise sollte man erfragen, ob das heimische Geldinstitut Gebühren erhebt. Das Bezahlen mit Kredit- oder Debitkarte ist weitverbreitet.

Kosten im Urlaub

(durchschnittliches Preisniveau)

Kaffee mit Milch	1,80 €
Kleines Bier	2,20 €
Softgetränk	2 €
Tortilla (Snack)	4 €
Mittagsmenü	12 €
ÖPNV (Einzelfahrt)	2,20 €
Eintritt Museum	10 €
Eintritt Kino	8 €
Mietwagen/Tag	42 €

Festivals und Events

Januar

Cavalcada de Reis (5. Jan.) – Beim Drei-Königs-Umzug ziehen die Hoheiten mit einem fantasievollen Tross durch die Stadt, um den Kindern die Geschenke zu bringen.

Februar

Carnestoltes (Anfang, Mitte Feb.) – Rei Carnestoltes, König Karneval, stellt alle Regeln auf den Kopf. Neben dem großen Umzug feiern auch die einzelnen Bezirke mit Musik und Verkleidung.

April

Sant Jordi (23. April) – Am Namenstag des katalanischen Schutzpatrons beschenkt man sich mit Rosen und Büchern. Die Rambles verwandeln sich in einen Büchermarkt.

Juni

Primavera Sound (Anfang Juni, www.primaverasound.com) – Viertägiges Indie-, Pop- und Rockfestival auf mehreren Bühnen am Strand.

Sònar Festival (Mitte Juni, www.sonar.es) – Tagsüber gibt es auf dem »Festival for Advanced Music and New Media Art« Konzerte und Workshops, nachts wird in der neuen Fira gefeiert.

Sant Joan (23./24. Juni) – Die kürzeste Nacht des Jahres wird im Freundes- und Familienkreis mit Tanz, Feuerwerk und Essen verbracht, Jugendliche feiern mit Böllern und Trinkgelagen am Strand.

Juli

Grec (gesamter Monat, lameva.barcelona.cat/grec) – Gäste aus aller Welt zeigen auf dem Open-Air-Festival am Montjuïc ihr Können. Egal, ob Klassik, Pop oder Avantgarde: Für jeden Geschmack ist etwas dabei.

September

La Diada Nacional de Catalunya (11. Sept.) – Die Niederlage im Spanischen Erbfolgekrieg 1714 führte zum Verlust der katalanischen Eigenständigkeit. Am Nationalfeiertag demonstriert die Unabhängigkeitsbewegung mit Großdemos ihre Stärke.

La Mercè (um den 23. Sept.) – Mit Konzerten, Umzügen, »castells« und großem Feuerwerk feiert Barcelona Stadtpatronin Mercè. Als Ehrengast ist meist eine andere Stadt geladen.

Umzug während der Festa de la Mercè

November / Dezember

Fira de Santa Llúcia (Ende Nov.–23. Dez.) – Auf dem ältesten Weihnachtsmarkt der Welt werden seit 1786 Krippenfiguren verkauft, auch die »caganers«.

Gesundheit

Mit der **Europäischen Versicherungskarte (EHIC)** haben Besucher in Spanien Anspruch auf medizinische Versorgung im Notfall und können sich an die Notfallstationen der Gesundheitszentren oder die Notfallabteilung (Urgencias) der Krankenhäuser wenden. Jeder Bezirk hat in der Regel mindestens ein CAP (Centre d'Atenció Primària), über das nächstgelegene informiert die Stadt unter der Telefonnummer 010.

Apotheken erkennt man am grünen Leuchtkreuz. Sie haben in der Regel Mo–Fr von 9 bis 20.30 Uhr geöffnet. Rund um die Uhr bedienen die Farmacia Clapés Antoja und die Farmacia Torres.

- Farmacia Clapés Antoja, Les Rambles 98, Tel. 933 01 28 43
- Farmacia Torres, C. Aribau 62, Tel. 934 53 92 20

Haustiere

Wer mit Haustier aus einem EU-Land einreisen möchte, benötigt einen **EU-Heimtierausweis** vom Tierarzt. Darin müssen die Kennzeichnung des Tieres (Mikrochip oder Tätowierung) sowie eine gültige Tollwutimpfung (Erstimpfung mind. 21 Tage vor Grenzübertritt) eingetragen sein. Für Tiere, die ab 3. Juli 2011 erstmals gekennzeichnet wurden, ist der Mikrochip Pflicht.

Information

Barcelona Turisme informiert auf www.barcelonaturisme.com über Sehenswürdigkeiten, Touren und Events. Das größte Tourismusbüro befindet sich unter der Plaça de Catalunya 17-S (Tel. 932 85 38 34, tgl. 8.30–21 Uhr).

Weitere Infostellen:

- Pl. de Sant Jaume, Mo–Fr 8.30–20, Sa 9–20, So 9–15 Uhr
- Oficina Catedral, Pl. Nova 5, tgl. 9–19 Uhr
- Mirador de Colom, Pl. del Portal de la Pau, tgl. 8.30–20.30 Uhr, www.barcelonaturisme.com

Für praktische Fragen ist die Stadtverwaltung unter der Rufnummer 010 bzw. online unter www.bcn.cat zu erreichen. Veranstaltungen findet man unter guia.barcelona.cat/en.

Klima und beste Reisezeit

Klimatabelle Barcelona

Monat	Luft (°C) (min./max.)	Sonne (h/Tag)	Regentage	Wasser (°C)
Jan.	5/14	5	9	14,6
Feb.	6/15	6	7	13,2
März	8/17	7	8	13,7
April	8/18	6	10	13
Mai	13/22	8	10	16,6
Juni	13/25	9	7	20,2
Juli	17/28	10	5	22,1
Aug.	24/29	9	9	23,2
Sept.	21/26	7	10	23,5
Okt.	17/22	7	11	22
Nov.	14/17	6	10	19,3
Dez.	9/14	5	10	16,6

Barcelona hat ein typisch mediterranes Klima, die Sommer sind heiß, die Winter eher mild. Die klimatisch angenehmste Reisezeit ist das Frühjahr sowie September/Oktober. Die **Hauptsaison** beginnt mit Ostern, dann ist die Stadt oft brechend voll. Im August, wenn die Katalanen in den Sommerurlaub fahren, gehört Barcelona fast

ausschließlich Touristen. Zwischen November und Februar teilt man die Rambles mit weniger Menschen, sollte aber einen Regenschirm einpacken.

Kultur und Tickets

Das Programm für Theater, Oper und Konzerte finden Sie in Zeitungen und auf Portalen wie www.timeout.es und www.guiadelocio.com. Online kosten Karten meist etwas weniger, bei Tiquet Rambles (S. 22) gibt es Last-Minute-Tickets. Ansonsten empfiehlt sich www.ticketea.com.

Märkte und Flohmärkte

In Barcelona hat jedes Viertel seine eigene Markthalle. Meist sind sie von 8 bis 20 Uhr geöffnet (www.mercatsbcn.cat). Der zentrale Flohmarkt (www.encantsbcn.com) befindet sich an der Plaça de les Glòries (C. de Castillejos 158, Mo, Mi, Fr, Sa 8–20 Uhr). Dazu kommt ein halbes Dutzend Kunsthandwerksmärkte. Oft breiten an touristischen Orten sogenannte »manteros«, Straßenhändler, ihre Decken (»manta«) aus und verkaufen Imitate. Sowohl Verkauf als auch Kauf kann mit Bußgeldern geahndet werden.

Medien

Unter www.barcelonafuerdeutsche.com findet man auf Deutsch hilfreiche Infos zu Veranstaltungen, Alltagsleben, Gesundheit und Politik in Barcelona und Katalonien. Große deutschsprachige Zeitungen gibt es an Kiosken am Bahnhof Sants und an der Plaça de Catalunya. In der Bibliothek des Goethe-Instituts können ebenfalls deutsche Medien eingesehen werden.

■ Goethe-Institut: C. Roger de Flor 224, Tel. 932 92 60 06, www.goethe.de, Mo, Do 10–14, Di, Mi, Fr 16–20, Sa 11–14 Uhr

Notfall

Feuerwehr, Polizei, Notarzt sind über die kostenfreie europäische **Notrufnummer 112** zu erreichen. Alle großen Krankenhäuser haben Notfallstationen. Einen zahnärztlichen Notdienst gibt es in der Clínica Dental Barcelona (C. Pau Claris 194–196 bajos, Tel. 934 87 83 29, www.clinicadentalbarcelona.com/urgencias). Eine Liste deutschsprachiger Ärzte hat das deutsche Konsulat. Dort finden sich auch Infos über den Notfalldienst der Botschaften sowie die Telefonnummer des Bereitschaftsdienstes (Tel. 915 57 90 00).

Öffnungszeiten

Im Vergleich zum restlichen Spanien sind die Öffnungszeiten in Barcelona eher europäisch. Kaufhäuser und große Ketten sind meist von 9/9.30 bis 20/20.30 Uhr geöffnet, Shoppingmalls häufig bis 21/22 Uhr. Kleinere Läden schließen zuweilen zwischen 13.30 und 16.30/17 Uhr. Ämter sind meist von 9 bis 13.30/14 Uhr und oft nachmittags von 16 bis 19 Uhr geöffnet.

Parken

Langzeitparkplätze

Da Parkplätze rar sind und die Sehenswürdigkeiten überwiegend dicht beieinanderliegen, empfiehlt es sich, das Auto im Hotel oder auf einem Langzeitparkplatz stehen zu lassen. Die Firma Parking Viajeros hat drei Langzeitparkplätze, zwei in der Nähe des Bahnhofs Sants, einen in Hafennähe (ab 8 €/Tag,

www.parkingviajeros.com, Tel. 61870 7970). Auch die Firma Saba (www.saba.es) unterhält am Bahnhof Sants einen Langzeitparkplatz.

Straßenparkplätze

Straßenparkplätze sind in Barcelona reine Anwohnerparkplätze (»zona exclusiva para residentes«) sowie in blaue (»zona blava«/»zona azul«) und grüne Zonen (»zona verde«) unterteilt. Die 4000, vor allem in der Altstadt befindlichen, reinen Parkplätze der »zona exclusiva de residente« dürfen nur von Anwohner genutzt werden. In der grünen Zone dürfen Nichtanwohner kostenpflichtig maximal zwei Stunden parken. Am Wochenende und nach 20 Uhr ist Parken dort häufig kostenlos. Die 9000 blau markierten Parkplätze der **»zona blava«** oder **»zona azul«** werden als Kurzzeitparkplätze wochentags und teils auch am Wochenende regulär bewirtschaftet (Kernzeiten 9–14, 16–20 Uhr). Die Preise schwanken je nach Tarifzone zwischen 2,50 € (Zone A) und 1,08 € (Zone B). Die Parkdauer ist auf zwei (Zone A, B), drei (Zone C) oder vier Stunden (Zone D) begrenzt. Auf www.areaverda.cat kann ein Übersichtsplan und die **kostenlose App ApparkB** zur Parkplatzortung heruntergeladen werden.

Parkhäuser

Wer in der Stadt mit dem Auto unterwegs ist, ist meist auf Parkhäuser oder Tiefgaragen angewiesen. Zu den wichtigsten Anbietern zählen Saba und B:SM. Beide Firmen haben **Sonderangebote**, die auch Besucher nutzen können. Mit der Bonus-Card von B:SM etwa kann man nach Vorbestellung in einem Parkhaus seiner Wahl 1, 2, 4, 15 oder 30 Tage unbeschränkt parken (12–99 €, www.aparcamentsbsm.cat) bzw. mit einer Park&Ride-Card das Auto für ein bis sieben Tage an einem von drei Parkhäusern am Stadtrand abstellen (9,95 €/1 Tag bis 59,95 €/7 Tage, www.aparcamentsbsm.cat). Nützlich ist die **kostenlose Parkapp** (www.parkapp.com).

Post

Die Hauptpost befindet sich an der Plaça Antoni López nahe des Port Vell und ist Mo–Fr von 8.30–21.30, Sa 8.30–14 Uhr geöffnet. Briefmarken gibt es direkt am Schalter, alternativ auch in »estancos« (Tabakläden). Eine Postkarte oder ein Standardbrief ins europäische Ausland kostet derzeit 1,40 €, in den Rest der Welt 1,50 €.

Rauchen

Wie in ganz Spanien ist das Rauchen in allen öffentlichen Gebäuden, Restaurants und Bars verboten.

Sicherheit

Die Kriminalitätsrate ist in Barcelona im europäischen Vergleich durchschnittlich, allerdings sind Taschendiebstahl und teils auch Raub ein wachsendes Problem. Der Diebstahl geschieht besonders häufig im Gedränge und in der U-Bahn. Tragen Sie Ihre Tasche daher am besten vorn und lassen Sie in Cafés oder Restaurants nie Wertsachen auf dem Tisch liegen. Bei Diebstahl den Verlust sofort bei der **Stadtpolizei Guardia Urbana**, z. B. Carrer la Rambla 43, Tel. 932562430, oder der **katalanischen Polizei Mossos d'Esquadra** melden, etwa am Büro im Raval, Carrer Nou de la Rambla 76–

78, Tel. 933 06 23 00. Bei Verständigungsproblemen kann die Polizei einen Dolmetscher hinzuziehen.

Sport

Das milde Klima und die Lage zwischen Meer und Bergen machen Barcelona zu einer idealen Stadt für viele Outdoor-Sportarten.

Laufen

Besonders beliebt ist die 6,5 Kilometer lange **Strandpromenade** zwischen Hotel W und Forum. Öffentliche Outdoor-Trainingsspots, etwa auf der Höhe des Parc de la Barceloneta, machen kombinierte Trainings möglich. Wer gemeinsam joggen will, findet unter www.meetup.com Läufergruppen. Das ganze Jahr über finden in Barcelona etliche Laufwettbewerbe mit hoher Beteiligung statt, der berühmteste ist der Zurich Marathon im März (www.zurichmaratobarcelona.es).

Schwimmen

Die Stadtstrände in Barcelona werden tagsüber von Rettungsschwimmern bewacht und täglich gereinigt. Die **Wasserqualität** ist im Durchschnitt gut (grüne Fahne), kann im Sommer bei intensiver Nutzung allerdings kippen (gelbe Fahne, auch bei Strömung oder starker Brandung). Lassen Sie Wertsachen nie unbeaufsichtigt am Strand liegen und kaufen Sie nicht bei fliegenden Händlern. Wer nicht im Meer schwimmen möchte, kann in den öffentlichen Freibädern seine Bahnen ziehen, z. B. in den Piscines Municipals de Montjuïc.

■ Av. Miramar 31, Tel. 934 23 40 41 oder 934 43 00 46, www.picornell.cat, Juli–Sept. 11–18.30 Uhr, 6,80 €

Wassersport

Im Gegensatz zu Windsurfen oder Wellenreiten ist Stand-up-Paddling weniger witterungsanfällig und lässt sich auch gut im Urlaub erlernen. Einsteigerkurse beinhalten Miete für Brett, Paddel und Neoprenanzug, z. B. bei Molokai's SUP Center.

■ C. de Meer 39, Tel. 654 08 20 99, www.molokaisupcenter.com, 2-Std.-Kurs 40 €, in der Gruppe 25 € (1,5 Std.)

Fitness

Barcelonas Stadtstrände sind auch bei Fitness-Profis beliebt. Wer sich im Urlaub so richtig auspowern möchte, kann Einzelstunden des Kraft- und Ausdauertrainings Beach Fit buchen. Treffpunkt ist in der Regel an der Plaça de Mar.

■ Tel. 673 22 39 46, Facebook: @beachfitbcn

Sprache

Katalanisch ist neben **Spanisch** die offizielle Amtssprache in der autonomen Region Katalonien. Straßenschilder sind auf Katalanisch beschriftet, der öffentliche Schriftverkehr erfolgt in der Regel auf Katalanisch, für alle Berufe im öffentlichen Dienst sind Katalanischkenntnisse Pflicht. In größeren Städten wie Barcelona ist Spanisch weiter die dominierende Sprache, im Alltag wechseln die meisten problemlos von einer Sprache in die andere. In diesem Reiseführer wird die katalanische Schreibweise verwendet.

Stadtführungen

Wie in vielen europäischen Städten bieten Firmen wie Runner Bean Tours (www.runnerbeantours.com), Sandeman (www.newbarcelona-tours.com)

oder Freetour (www.freewalkingtours barcelona.com) auch in Barcelona Gratistouren an, bei denen im Nachhinein nach Gefallen gezahlt wird. Dabei sind die Gruppen oft größer und nicht alle Informationen hundertprozentig geprüft, im Gegensatz zu den kostenpflichtigen offiziellen Touren. Einen Überblick über die offiziellen Touren mit staatlich geprüften Stadtführern liefert www.barcelonaturisme.com.

Cases singulars: Die Kunsthistorikerinnen haben sich auf ehemalige Privatwohnungen spezialisiert und öffnen die Tür zu Modernisme-Residenzen oder Privatsammlungen, die sonst unzugänglich wären. Führungen auf Spanisch, Katalanisch und Englisch.

■ Tel. 670 46 62 60, www.casessingulars.com

Icono Serveis: Die Agentur führt auf den Spuren berühmter Romane und Filme durch die Stadt: von Carlos Ruiz Zafóns »Schatten des Windes« bis zu Pedro Almodóvars »Alles über meine Mutter«.

■ Tel. 934 10 14 05, Portal de l'Àngel 38, www.iconoserveis.com

Stadtrundfahrten

Bus Turístic

Zwei Unternehmen bieten Sightseeing-Touren mit Startpunkt Plaça de Catalunya an. Der offizielle städtische Barcelona Bus Turístic (www.barcelona busturistic.cat) führt auf der Blauen Route zum Stadion des FC Barcelona, Sagrada Família, Park Güell, Tibidabo nach Pedralbes, auf der Roten Route über Passeig de Gracia, Diagonal, Sants, Montjuïc und Alten Hafen zum Parc de la Ciutadella. Die Grüne Route verbindet den Olympischen Hafen mit Poblenou, dem Forum und den Stränden. Zwischen den Routen kann gewechselt werden, das Tagesticket kostet 30 €. Das Konkurrenzunternehmen Barcelona City Tour (barcelona.city-tour.com) bietet eine orangefarbene Westroute (Kreuzfahrtterminal, Montjuïc, Passeig de Gràcia) und eine grüne Ostroute (Tibidabo, Park Güell, Poblenou, Passeig de Gràcia). Auch hier kostet ein Tagesticket 30 € (online 27 €).

■ www.barcelonabusturistic.cat oder www.barcelona.city-tour.com, tgl. 9–20 Uhr

Cooltra

Mit dem Roller die Stadt zu erkunden ist eine sehr mediterrane Erfahrung. Der größte Rollerverleih liefert Routenempfehlungen mit und vermietet auch elektrisch betriebene Gefährte. Die Fahrzeuge sind vollkaskoversichert und haben einen 24-Std.-Pannenservice. Die Roller werden auf Wunsch auch ins Hotel gebracht.

■ Via Laietana 6, Tel. 932 21 40 70, www.cooltra.com, ab 15 €

Go Car

Mit den niedrigen zweisitzigen Mini-Cabriolets Go Cars knattert man in Eigenregie durch Barcelona, das GPS weist den Weg und informiert, manchmal sehr lautstark, über Sehenswürdigkeiten. Touren können ab 45 € gebucht werden.

■ GoCar, Passeig de Pujades 7, Tel. 932 69 17 92, www.gocartours.com

Segway

Verschiedene Veranstalter bieten Stadttouren mit elektrischem Untersatz an, entweder geführt in einer Kleingruppe oder mit eigenem Stadtplan/App. Erfahrene Anbieter sind

Barcelona Sun Segway und Barcelona Segway Tours. Achtung, Helmpflicht!

- Barcelona Sun Segway, C. Nou de La Rambla 38, Tel. 933 02 65 89, www.barcelonasunsegway.es
- Barcelona Segway Tours, Pg. de Lluís Companys 10, Tel. 933 10 41 08, www.barcelonasegwaytour.com

Fahrradtouren

Ein gutes Dutzend Veranstalter bietet auch Fahrradtouren durch Barcelona an. Die Schwerpunkte sind unterschiedlich und reichen von Architektur (Tel. 936 67 02 41, www.singular-projects.com) über Tapas (Tel. 671 30 73 25) bis zu Panoramafahrten (mit dem E-Bike, www.barcelonabybike.com). Einen Überblick findet man auf der Internetseite des Tourismusamts (www.barcelonaturisme.com).

Strom und Steckdose

Wie in ganz Europa beträgt die Netzspannung in Barcelona 230 Volt Wechselstrom. Steckeradapter sind kaum mehr nötig. Die flachen Europanormstecker passen in die spanischen Steckdosen, ebenfalls die Schuko-Stecker nach CEE 7/7.

Telefon und Internet

Die **Ortsvorwahl** nach Barcelona ist 93, gefolgt von einer siebenstelligen Nummer. Die 93 muss immer mitgewählt werden. Im Juni 2017 wurden die **Roaminggebühren** in Europa abgeschafft. Als Mobilfunkkunde zahlt man auch im Urlaub nur so viel wie in seinem Heimatland. Gegen Missbrauch gilt eine neue Fair-Use-Grenze. Prüfen Sie trotzdem Ihren Mobilfunkvertrag oder das von Ihnen genutzte Angebot, ob im Ausland weitere Gebühren anfallen.

In vielen öffentlichen Einrichtungen, Parks und auf öffentlichen Plätzen gibt es kostenloses **WLAN**, bereitgestellt von der Stadt. Achten Sie auf die blauen Hinweisschilder. Auch immer mehr Bars und Cafés bieten ihren Kunden kostenfreien Zugang ins Internet und weisen darauf meist durch ein Schild an der Tür hin.

Internationale Vorwahlen:

- Spanien: 00 34
- Deutschland: 00 49
- Österreich: 00 43
- Schweiz: 00 41

Trinkgeld

In Restaurants sind fünf bis acht Prozent üblich. Das Trinkgeld wird einfach auf dem Teller mit dem Wechselgeld liegen gelassen.

Taxifahrer erwarten zwar kein Trinkgeld, freuen sich aber, wenn Fahrgäste den Preis aufrunden.

Auch in Hotels ist es eine schöne Geste, bei Zufriedenheit mit der Sauberkeit des Zimmers einen Obolus für die »camarera de piso« zurückzulassen.

Trinkwasser

Das Leitungswasser in Barcelona ist zwar gesundheitlich unbedenklich und kann problemlos getrunken werden, ist aber sehr kalkhaltig.

Umgangsformen

Begrüßung

Zur Vorstellung und Begrüßung ist ein angedeuteter, doppelseitiger Wangenkuss üblich, Männer begrüßen sich

untereinander oft mit Handschlag und beschränken Umarmung und Wangenkuss auf den familiären oder freundschaftlichen Bereich.

Im Restaurant

Trotz der Kontaktfreude der Spanier setzt man sich nicht zu Fremden an den Tisch, selbst wenn dort mehrere Plätze frei sind. Beim Zahlen der Rechnung ist es nicht üblich, die Rechnung auseinanderzudividieren. Stattdessen zahlt einer für alle, anschließend wird die Gesamtsumme durch die Zahl der Tischgenossen geteilt. Auch Einladungen sind üblich – und sollten mit Gegeneinladungen beantwortet werden.

Kleidung

Die Katalanen achten auf angemessene Kleidung. Bikini- und Badehose in der Stadt sind verpönt. In manchen öffentlichen Gebäuden und vielen Kirchen ist der Zugang mit Strandkleidung untersagt.

Kinder

Wie die meisten Südeuropäer sind auch die Katalanen sehr kinderfreundlich. Die Kleinen nehmen selbstverständlich am Leben der Großen teil und sitzen auch dann noch mit im Restaurant, wenn für ihre deutschen Kompagnons schon längst Schlafenszeit ist.

Konversation

Wenn die Fischhändlerin Sie mit »guapa/o«, »maca/o« (Hübsche/r) oder »carinyo« (Schatz) anspricht, ist das keine Aufforderung zum Flirt, sondern lediglich eine nette Redensart: Kosenamen und andere unverbindliche Freundlichkeiten sind in Katalonien und Spanien eine Art »Schmiermittel«, um das soziale Miteinander angenehmer zu gestalten. Dazu gehört auch der ausführlich gepflegte Small Talk. Wählen Sie für die unverbindliche Plauderei unverfängliche Themen wie Familie, Reisen, Ihr Herkunftsland oder Sport, vor allem Fußball.

Umland

Barcelona ist ein idealer Ausgangspunkt für Ausflüge ins Umland, z. B. in das für seinen Knabenchor bekannte Benediktinerkloster **Abadía de Montserrat** auf einem zerklüfteten Bergmassiv (erreichbar über A2 bis Martorell, dann NII oder mit FGC ab Plaça d'Espanya, dann weiter mit der Zahnradbahn), ins Weinbaugebiet **Penedés** mit den Cava-Kellereien Codorníu und Freixenet in Sant Sadurni d'Anoia (erreichbar über A7 oder mit dem Regionalzug C4 ab Sants) oder an die **Costa Brava**, etwa ins Salvador-Dalí-Städtchen Figueres. Das katalanische Fremdenverkehrsamt im Palau Robert informiert über Ausflugsziele.

■ Pg. de Gràcia 107 (Palau Robert),
Tel. 932 38 40 00, www.catalunya.com,
Mo–Sa 10–20, So 10–14.30 Uhr

Unterkunft und Hotels

Hotels und Pensionen

Als internationale Messe- und Kongressstadt sowie beliebtes Städtereiseziel hat Barcelona ein großes Angebot an Hotels aller Kategorien. Die Preise variieren stark und sind während internationaler Großereignisse teils dreimal so teuer. In der Innenstadt werden derzeit keine neuen Hotellizenzen mehr vergeben, neu gebaut wird nur nochin den Außenbezirken. Barcelona erhebt eine **Touristenabgabe** zwischen 90 Cent und 2,25 € pro Person

und Übernachtung. Vor allem in älteren Häusern oder in Hotels in der Innenstadt sollten Sie nach einem Außenzimmer (»habitación exterior«) fragen. Die Innenzimmer (»habitación interior«) haben zuweilen nur ein Fenster zum Lichtschacht.

Ferienwohnungen

Immer mehr Touristen greifen auf Ferienapartments zurück. Seit 2004 hat sich die Zahl der offiziellen Ferienwohnungen auf 9600 vervierfacht. Auch Portale wie Airbnb oder Homeaway erfreuen sich bei Barcelona-Reisenden größter Beliebtheit. Die Vermietung von Privatzimmern und -wohnungen ist in Barcelona rechtlich nicht eindeutig geregelt, und unter den vermeintlichen Privatiers tummeln sich einige kommerzielle Anbieter. Seit sich immer mehr Anwohner über laute Partytouristen beschweren und die Mietpreise in der Innenstadt massiv gestiegen sind, geht die Stadtverwaltung mit schwarzen Schafen hart ins Gericht und verfolgt Anbieter ohne offizielle Lizenz. Wer sichergehen will, überprüft das Ferienapartment auf der Stadtverwaltungs-Website www.fairtourism.barcelona. Mehr Informationen gibt es beim Hotelfachverband.

■ Gremi d'Hotels de Barcelona (GHB), Via Laietana 47, 08003 Barcelona, Tel. 933 01 62 40, www.barcelonahotels.org

Verkehrsmittel in der Stadt

Mit Bus, Tram, Metro und den Funiculars, den Seil- bzw. Zahnradbahnen, ist der öffentliche Nahverkehr in Barcelona sehr gut ausgebaut. Das 1:15 Stunden gültige **Einzelticket** kostet 2,20 €, die übertragbare **Zehnerkarte** 10,20 €. Kinder unter vier Jahren fahren kostenlos. Je nach Anzahl der geplanten Fahrten empfiehlt sich für Besucher auch die nicht übertragbare **Hola Barcelona Travel Card**. Mit dem für zwei, drei, vier oder fünf Tage (15,20, 22,20, 28,80, 35,40 €) gültigen Touristenticket kann man den ÖPNV unbegrenzt nutzen. Die Tickets sind grundsätzlich für alle öffentlichen Verkehrsmittel gültig mit Ausnahme des Bus Turístic. Wer innerhalb des Stadtgebiets mit einem Nahverkehrszug fährt, kann dafür ebenfalls das TMB-Ticket nutzen. Auf der Website www.tmb.cat lassen sich die schnellsten Verbindungen zwischen verschiedenen Adressen recherchieren.

Bus

Die mit einem V gekennzeichneten Linien queren die Stadt vertikal, die mit H gekennzeichneten horizontal zwischen Berg und Meer. Dazu gibt es die diagonal verkehrende Buslinie D20. Zusätzlich fahren mit Ziffern gekennzeichnete Busse auf häufig genutzten Strecken sowie kleinere Quartiersbusse. Ein relativ dichtes Netz an Nachtbussen (»Nitbus«) bringt Partygänger und Frühaufsteher sicher an ihr Ziel. Achtung: Die T10 kann in Bussen nicht gekauft werden.

Metro

Das zur Weltausstellung 1929 begonnene Metronetz ist mit zehn Linien gut ausgebaut, die unterirdischen Umsteigewege sind zuweilen etwas lang. Die Metro verkehrt in den Hauptverkehrszeiten je nach Linie alle drei bis sechs Minuten von Montag bis Donnerstag zwischen 5 und 24 Uhr, am Freitag bis 2 Uhr, Samstagnacht durchgehend. Zum **Flughafenterminal T1** besteht eine Verbindung mit der L9S mit An-

schlüssen an die Linien L1, L5 und L3. Ein Ticket dorthin kostet 4,50 €.

Tram

Die Tramlinien T1, T2 und T3 verkehren auf dem oberen Teil der Avinguda Diagonal und verbinden die Stadt mit den Vororten Cornellà de Llobregat, Sant Just Despí und Sant Just Desvern, die Linien T4 und T5 verkehren auf dem Abschnitt der Diagonal unterhalb der Plaça de les Glòries und bieten Anschluss nach Sant Adrià del Besos und Llobregat sowie dem Zoo. Die Tram verkehrt von Sonntag bis Donnerstag von 5 bis 24 Uhr, am Freitag und Samstag von 5 bis 2 Uhr (www.tram.cat).

Taxi

In Barcelona sind mehr als 10 000 schwarz-gelbe Taxis unterwegs. Sie können über die Zentralen von Radio Taxi BCN, Tel. 933 25 00 00, oder Radio Taxi 033, Tel. 933 03 30 33, bestellt werden. Außerhalb der Taxistände werden Taxis per Handzeichen angehalten. Werktags gilt zwischen 8 und 20 Uhr der günstigere Tarif T1 (1,17 €/km), danach sowie tagsüber am Wochenende Tarif 2 (1,40 €/km), Wochenendnächte werden etwas höher (1,40 €/km) berechnet. Die Grundgebühr beträgt werktags 2,20 €, am Wochenende 2,30 €. Für Fahrten zum Flughafen und Fährhafen wird ein Extra von 3,10 €, für Fahrten zum Bahnhof Sants und den Messegeländen ein Extra von 2,10 € berechnet. Das Extra von 3,10 € ist auch in den Weihnachtsnächten und Silvester fällig. Große Koffer (kein Handgepäck) kosten 1 € extra (maximal vier Gepäckstücke). Mit der kostenlosen App TaxiBarcelona können im Vorhinein die Kosten berechnet werden.

Uber und Co.

Appbasierte Fahrdienste wie Cabify (cabify.com) oder Social Car (www.socialcar.com) dürfen in Barcelona zwar operieren, aber nur unter Auflagen: Fahrer und Wagen müssen mit einem Mindestvorlauf von 15 Minuten bestellt werden. Der Branchenriese Uber hat sich aus der katalanischen Metropole vorübergehend verabschiedet.

Mietautos

Am Bahnhof Sants und am Flughafen haben die großen Autoverleihe Filialen. Mittelklassewagen gibt es ab 18 €/Tag, allerdings kommt bei derlei Preisen noch die Mindestversicherung hinzu.

Fahrrad

Barcelona hat in den letzten Jahren seine Radwege gut ausgebaut. Sie verlaufen meist mittig in der Straße und sind von der Pkw-Spur durch Poller getrennt. Die rot-weißen Leihräder von »Bicing« funktionieren über ein Abosystem und stehen nur Einheimischen zur Verfügung. Wer die Stadt mit dem Zweirad erkunden möchte, greift auf Fahrradverleihe oder Shared-Mobility-Unternehmen zurück. Das Tragen eines Fahrradhelms wird unbedingt empfohlen.

Zollbestimmungen

Innerhalb der EU können EU-Bürger eine begrenzte Anzahl von Zigaretten (bis zu 800) und Alkohol (90 l Wein, 10 l Spirituosen) ein- und ausführen. Für die Schweiz gelten strengere Begrenzungen: Maximal 200 Zigaretten, 5 Liter alkoholische Getränke unter 15 Prozent und 1 Liter alkoholische Getränke über 15 Prozent sind erlaubt.

Die Geschichte Barcelonas

218 v. Chr. Hamilkar Barkas, Vater Hannibals, erobert den vom iberischen Volk der Laietaner besiedelten Landstrich und errichtet am Montjuïc ein Lager.

10 v. Chr. Kaiser Augustus gründet auf dem Mont Tàber die Colonia Iulia Augusta Faventia Paterna Barcino.

801 n. Chr. Frankenkönig Ludwig erobert die Stadt von den Mauren zurück; sie erlangt als Teil der spanischen Mark wachsende Bedeutung.

1137 Graf Ramón Berenguer IV. heiratet Petronella von Aragón und gründet die Krone von Aragón. Als Königssitz lockt Barcelona Handwerker, Baumeister, Künstler.

1469 Mit der Hochzeit von Fernando II. von Aragón und Isabella I. von Kastilien und der Entdeckung Amerikas 1492 durch Christoph Kolumbus verliert Barcelona zunehmend an Bedeutung.

1714 Im Spanischen Erbfolgekrieg kämpft Katalonien auf der Seite Habsburgs gegen die Bourbonen. Barcelona wird ein Jahr belagert, ergibt sich am 11. September (»Diada«, katalanischer Nationalfeiertag). In der Folge wird das Katalanische verboten. – Philipp V. lässt für den Bau der Zitadelle das Viertel Ribera schleifen.

1778 Nachdem die Handelsbeschränkungen mit Amerika aufgehoben werden, blühen Handel und Industrie.

1854 Die alten Stadtmauern werden abgerissen, nach Plänen von Ildefons Cerdà wird der Eixample gebaut.

1888 Auf dem Areal der Zitadelle findet die Weltausstellung statt.

1909 Setmana Tràgica: Bei Protesten gegen Zwangsrekrutierung sterben über 80 Menschen.

1929 Auf dem Montjuïc findet die zweite Weltausstellung statt.

1936–1939 Während des Bürgerkriegs regieren die Anarchisten kurz Barcelona und stoppen Francos Putsch. 1938 bombardiert Mussolinis Luftwaffe die Stadt.

1979 Vier Jahre nach dem Tod Francos erhält Katalonien ein Autonomiestatut.

1992 Durch die Olympischen Sommerspiele etabliert sich Barcelona als attraktives Reiseziel.

2010 Die katalanische Unabhängigkeitsbewegung erstarkt, u. a. wegen Einschnitten in das Autonomiestatut.

2017 Nach einem verbotenen Referendum ruft das katalanische Parlament die Unabhängigkeit aus. Madrid setzt den Regionalpräsidenten Carles Puigdemont ab.

2019 Der Spitze der katalanischen Unabhängigkeitsbewegung wird der Prozess gemacht. Neun der Angeklagten werden des Aufruhrs für schuldig gesprochen.

Christoph Kolumbus wird nach seiner ersten Reise 1493 von Ferdinand II. und seiner Gemahlin Isabella begrüßt

Spanisch und Katalanisch für die Reise

Das Wichtigste in Kürze	**Spanisch**	**Katalanisch**
Ja/Nein	*sí/no*	*sí/no*
Bitte/Danke	*por favor/gracias*	*si us plau/gràcies*
Hallo!/Auf Wiedersehen!	*¡Hola!/¡Adiós!/¡Hasta luego!*	*Hola/Adéu-siau!/Adéu!*
Guten Morgen!/Guten Tag!	*¡Buenos días!*	*Bon dia!*
Guten Abend!/	*¡Buenas tardes!/*	*Bona tarda!/*
Gute Nacht!	*¡Buenas noches!*	*Bona nit!*
Mein Name ist ...	*Me llamo ...*	*Em dic ...*
Entschuldigung!	*¡perdón!/¡perdone!*	*disculpi!/disculpa!*
Achtung!/Vorsicht!	*¡Atención!/¡Cuidado!*	*Compte!*
Ich verstehe Sie nicht.	*No le entiendo.*	*No t' entenc.*
Wie viel kostet das?	*¿Cuánto cuesta?*	*Quant és?*
Damen/Herren	*Señoras/señores*	*senyores/senyors*
geöffnet/geschlossen	*abierto/cerrado*	*obert/tancat*
gestern/heute/morgen	*ayer/hoy/mañana*	*ahir/avui/demà*
Wo ist ...?	*¿Dónde está ...?*	*On és ...?*
Ist das der Weg nach ...?	*¿Es este el camino a ...?*	*És aquest el cami per ...?*
Ich möchte ...	*Quisiera ...*	*Voldria ...*
Die Rechnung, bitte!	*¡La cuenta, por favor!*	*El compte, si us plau!*
Auto	*coche*	*cotxe*
Tankstelle	*estación de servicio*	*benzinera*
Super/Diesel/	*gasoline super/diesel/*	*gasolina super/diesel/*
bleifrei	*gasolina sin plomo*	*sense plom*
Panne	*avería*	*avaria*
Wochentage		
Montag/Dienstag	*lunes/martes*	*dilluns/dimarts*
Mittwoch/Donnerstag	*miércoles/jueves*	*dimecres/dijous*
Freitag/Samstag	*viernes/sábado*	*divendres/dissabte*
Sonntag	*domingo*	*diumenge*

Hinweise zur Aussprache

Spanisch und Katalanisch

c	vor ›a, o, u‹ wie ›k‹, z. B.: casa, vor ›e‹ und ›i‹ ähnlich dem englischen ›th‹
ch	wie ›tsch‹, z. B.: leche
g	vor ›e‹ und ›i‹ wie ›ch‹, z. B.: gente
gue/gui	wie ›ge, gi‹, z. B.: guiso, pague
h	ist immer stumm
j	wie ›ch‹, z. B.: jamón
ll	zwischen Vokalen wie ›lj‹ z. B.: tortilla
ñ	wie ›nj‹, z. B.: niño
que/qui	wie ›ke, ki‹, z. B.: queso, quiero
s	vor ›b, d, g, l, m, n‹ weiches ›s‹
v	wie ›b‹, z. B.: via, vino
z	ähnlich dem englischen ›th‹

Besonderheiten des Katalanischen

ç	wie scharfes ›s‹, z. B.: França, dolços
g	vor ›e‹ und ›i‹ wie in Garage, z. B.: coratge, ›ig‹ am Wortende wie ›dsch‹, z. B.: puig
j	wie ›g‹ in Garage, z. B.: menjar
ny	wie ›gn‹ in ›Champagner‹, z. B.: Catalunya
s	am Anfang und Ende des Wortes scharfes ›s‹, z. B.: sis, zwischen zwei Vokalen weiches ›s‹, z. B.: ase
ss	zwischen zwei Vokalen scharfes ›s‹
x	wie ›sch‹, z. B.: caixa
z	wie weiches ›s‹, z. B.: onze, setze

Alle Blickpunkt-Themen in diesem Band:

Register

Bildnachweis

Titel: Park Güell von Antoni Gaudí
Foto: **Getty Images** (Ihor_Tailwind)
Rücktitel: links: **stock.adobe.com** (tverkhovinets); rechts: **Shutterstock** (Littleaom)

Alamy: CW Images 25 – **AWL Images Ltd:** S. P. Markovina 81 – **Bildagentur Huber:** C. Pietro 8/9; A. Serrano 55, 60 – **Getty Images:** The Image Bank 14/15 – **Glow Images:** 75.3, 113 – **Hotel España:** 33 – **Jahreszeiten Verlag:** GourmetPictureGuide 6.2; K. Bossemeyer 7; T. Langlotz 58/59, 77, 78, 93.1; **laif:** L. Maisant/hemis.fr 10.1; G. Knechtel 17.1, 91; L. Vallecillos/VWPics/Redux 26/27; F. Heuer 93.3, 101; Merillon/Le Figaro Magazine 102 – **look-foto:** J. Richter 13.3, 70/71; age fotostock 108 – **mauritius images:** robertharding/Nick Servian 13.1; f8 images/Alamy 21; Campillo Rafael/Alamy 23; age fotostock/E. Robert 44; H. Sayer/Alamy 57; jordiphotography/Alamy 86/87; G. Masci/Alamy 93.2; M. Stepan/Alamy 126; United Archives 136 – **picture alliance:** DUMONT Bilder 12.2 – **Seasons Agency:** Markus Bassler 17.3, Jalag/A. Küppers 30, 35 – **Shutterstock.com:** S-F 4/5; Natursports 9; s74 11.1, 118; alionabirukova 11.2; cornfield 11.3; Iakov Filimonov 12.1, 80, 107; feliks 12.3; Yuri Turkov 13.2; lornet 18; engineervoshkin 20; Sergey Kelin 28; alionabirukova 36/37; Brian Kinney 40, 84; Ignasi Jansa 42/43; conejota 53; csp 62; Alberto Masnovo 64/65; Littleaom 68; Andrij Vatsy 82; Elena Rostunova 89; nito 94/95; Maxim Apryatin 110/111; Alberto Zamorano 116 – **stock.adobe.com:** Morenovel 10.2; joanna wnuk 17.2; arkanto 66

Herausgeber: GRÄFE UND UNZER VERLAG GmbH, Postfach 86 03 66, 81630 München
Leitender Redakteur: Benjamin Happel
Autorin: Julia Macher
Verlagsredaktion: Gernot Schnedlitz, Silke Tauscher, Nadia Terbrack; Mitarbeit: Viola Rudershausen
Redaktion: Dr. Gabriele Rupp
Satz: Mediendesign Anne Tegler, Berlin
Bildredaktion: Dr. Nafsika Mylona
Schlusskorrektur: Ulla Thomsen
Reihengestaltung: Independent Medien Design, Horst Moser, München; Eva Stadler, München
Kartografie: Huber Kartographie GmbH, www.kartographie.de; Kunth Verlag GmbH & Co. KG, München
Herstellung: Mendy Willerich
Druck und Bindung: Drukarnia Dimograf Sp z o.o. (Polen)

Ein Unternehmen der
GANSKE VERLAGSGRUPPE

ISBN 978-3-95689-701-6
1. Auflage 2020

LESERSERVICE
adac@graefe-und-unzer.de
Tel. 00800/72 37 33 33 (gebührenfrei in D, A, CH)
Mo–Do: 9–17 Uhr, Fr: 9–16 Uhr

Aus Gründen der besseren Lesbarkeit wird in diesem Buch bei Personenbezeichnungen das generische Maskulinum verwendet. Es gilt gleichermaßen für alle Geschlechter.